PHP経営叢書 日本の企業家

安藤百福

世界的な新産業を創造したイノベーター

榊原清則 著

PHP

PHP経営叢書「日本の企業家」シリーズ刊行にあたって

社会を変革し、歴史を創る人がいる。企業家といわれる人々もそれに類する存在である。溢れる人間的魅力が他人を惹きつけ、掲げる崇高な理念のもとに、人と資本が集まる。優れた経営戦略は、構成員の創意工夫を生かす。そうして新たな価値が創造され、事業が伸展する。社会の富も増進され、進化・発展は果てることがない。その歴史に刻まれた足跡に学ぶべきところは限りない。成功も失敗も現代のよきケーススタディである。

日本近代の扉を開いた比類なき企業家・渋沢栄一はいう。子孫に遺すべき家宝は「古人のいわゆる『善以テ宝ト為ス』ただこの一言のみである」と。けれども理想の実現に邁進した日本人企業家たちの実践知、そこにみられる「善」を「宝」となし、次代に継承するのは現代を生きる読者諸兄である。〟経営の神様〟と称された松下幸之助が説くように「人はみな光り輝くダイヤモンドの原石のようなもの」であり、個の絶えざる自己練磨の集合体が世の中であることを我々は忘れてはならない。

松下幸之助が創設したPHP研究所より、創設七〇周年を記念して刊行される本シリーズでは確かな史実、学術的研究の成果をもとに、企業家活動の軌跡を一望できるようにした。経営史・経営学の専門家が経営思想や戦略を掘り下げ、その今日的意義を考察するだけでなく、人間的側面にもアプローチしている。

各巻が、日本のよき伝統精神、よき企業家精神の継承の一助となれば、編集委員としてこれに勝る喜びはない。

二〇一六年一一月

編集委員　宮本又郎
　　　　　加護野忠男

序

安藤百福は戦後の日本を代表する企業家であり発明家である。

安藤百福は日清食品を創業し、世界企業に成長させた経営者である。国内業界を主導し、世界へ広がる産業を興してきた功績も大きい。戦後日本を代表する企業家であることは疑いない。

安藤百福の特異性は、企業家としての業績だけではなく、発明家としての並外れた業績がそれに加わる点にある。安藤百福の名はインスタントラーメン（商標はチキンラーメン）とカップめん（カップヌードル）の発明者として、世界中で知られている。チキンラーメンは安藤が四八歳、カップヌードルは六一歳の時の発明である。古い常識で決めつけるわけではないが、決して若くはない年齢で、時代の一歩先を行く新商品を、一度ならず二度にわたって生み出したのである。稀代の発明家というほかない。

本書はその安藤百福を取り上げるが、とりわけその発明行為に見られる顕著な特徴に光を当てる。ここで、本書の構成を簡潔に説明しておこう。

第一部では、一九一〇（明治四三）年に生まれ、二〇〇七（平成一九）年に九六歳で亡くなった安藤百福の、起伏の大きな生涯を、ほぼ時系列に沿って細かく辿っている。

第二部では、安藤の発明行為に見られるユニークな特徴に焦点を絞って、それを深掘りした、独自の安藤百福論が展開されている。

そして第三部には、安藤百福の人間像を多面的に浮き彫りにすべく、安藤百福語録、「食」に関する安藤の書き物、年頭所感（社員向けに毎年毛筆で書かれた）等々が採録されている。

全体を通して、「稀代の独創的発明家にして起業家、優れた経営者」である安藤百福の生涯から、現代に生きるわれわれが得るべき教訓は多いと考えるが、細かな点はともかく、一人でも多くの読者が、時代の風をつかみ、自分の直観を信じて、挑戦への一歩を踏み出す勇気を本書から得てくれれば幸いである。

安藤百福を論じる際に参照すべき代表的な資料は、本書の第一部冒頭でも紹介した、

◎安藤百福発明記念館［編］『転んでもただでは起きるな！——定本・安藤百福』（中央公論新社・中公文庫）二〇一三年

である。ハードカバーで出版され、現在では一般に入手が容易な文庫本となっている。資料的価値がある何冊かの書籍の中で、資料としてこの本が最も代表的である理由はその成り立ちにあり、詳細は本書第一部の冒頭箇所で詳述したので、ここでは繰り返さない。

いずれにせよ、安藤百福の場合「代表的な資料」があり、たしかにそれは決定版ともいうべき充実した内容である。このような資料環境のもとで、独自の安藤百福論をものするためには、

「代表的な資料」を改めて読み込むのは当然として、それだけでは十分ではない。資料には含まれない新しい視点や切り口を用意し、提起して、その視点や切り口を用いて独自の立論を展開していく必要がある――。というわけで、そうした独自の立論を目指して書いたのが本書第二部である。第二部の論考では、偉業を成し遂げた安藤百福に新しい視点と切り口からアプローチし、今までにない立論が行われている。

ちなみに経営学者の一人として、私は、安藤百福が研究小屋の中でめんづくりに悪戦苦闘した話を、以前に何かの資料で読み、それゆえにひと通り知っているつもりであった。今回、資料を読み直してみて、多くの点で新しい発見があり、驚いている。

本書を読んで読者が学習できる点は四つあると私は思う。

第一は安藤百福の試行錯誤から教訓を得、成功と失敗に学ぶという点である。成功にも失敗にも教訓がある。サクセス・ストーリーから教訓を得るのは自然なことである。しかしながら、先人たちはむしろ敢えて失敗の意義を強調してきた。本書第二部でも述べてあるように、本田宗一郎、井深大、安藤百福の三人は、共通に失敗の大事さを説いている。

第二に「時代の風をつかむ」ことの意義である。特に、世の中がこれからどういう方向へ進んでいくのかという、次代を読む眼力が重要である。前掲書籍に収録されている安藤語録（本書では第三部I）の一つである「どんなに優れた思いつきでも、時代が求めていなければ、人の役に立つことはできない」は名言である。そして、時代に対するセンスを磨く上でカギになるのは、次の安藤語録が示唆するように、何事にも好奇心を持って接する姿勢であろう。「私は、行く先々で、人が集まっていればのぞきこむ。商品にさわってみる。さわって分からなければ質問する。質問して分からなければ買って帰る」。

第三に、いかにして発明で成果を上げたのか、その方法論については、安藤百福はヒントの多い人である。この点に関しては第二部全体の通読を勧めたいが、敢えて重要ポイントを一つだけ挙げるとすれば、発明の営みの中で選択問題に直面した時に、大胆に簡略化した行為志向の簡便法、すなわち直観的に攻め口を決め、代替案を考慮せず拙速で、決めた方向に行けるところまで行くという方法の一般的意義である。乱暴にも見えるが、これは一面では「早期失敗の勧め」でもあり、意外に「使える」方法ではないかと私は考えている。現代は、論理的に緻密な方法論が推奨する体系的な手続きや手順の指南書が多く、それに振り回されてしまい、素朴な行為志向（アクション・ファースト！）が削がれがちだと危惧するのは私一人ではあるまい。手続きや手順に振り回されていてはいけないのである。

第四に、何事も執念を持って取り組むことが大切だという点である。単純かつ素朴な教訓だが、執念の大切さは安藤百福の偉業から読み取るべき最重要の教訓でもあろう。本文で改めて紹介するが、百福の執念は「すさまじかった」という息子・安藤宏基《こうき》の証言がある。人は様々で、執念の強さには固体差があるに違いないが、執念が大事だという一点については共通であり、多言を要しまい。ここでは安藤百福語録の中から、発明に関する言葉を二つだけ挙げておく。「発明はひらめきから。ひらめきは執念から。執念なきものに発明はない」。「一つ一つ試みては捨てていく。開発とは、これでもかこれでもかと追究する作業である」。

最後に、PHP研究所の丸山孝氏には、本書の企画から刊行までの全過程で大変にお世話になった。研究をまとめる際には有益なアドバイスも得ている。途中、体調不備から原稿執筆が遅れがちになったときも、終始寛容にご対応いただいた。そのご配慮とご支援に対し、この機会に御礼を申し上げたい。

榊原清則

二〇一七年九月

安藤百福

世界的な新産業を創造したイノベーター

目次

序

第一部　詳伝

世界の食文化を変えた軌跡

波乱とアイデアに満ちた生涯

第三部 人間像に迫る

転んでもただでは起きるな

食は聖職、自分の天職

Ⅱ

写真提供◉日清食品ホールディングス株式会社
装丁◉上野かおる

第一部
詳伝

世界の食文化を変えた軌跡

波乱とアイデアに満ちた生涯

［編集部注］

安藤百福氏を知る上で欠かすことのできない二つの記念館の名称が、本書の刊行と同時期（二〇一七年九月一五日）に変更となった。本文中では新名称で記すが、すでに多数の来館者が訪れ（大阪池田は七六四万人、横浜は六一四万人〔二〇一七年七月三一日現在〕）、旧名称のほうが浸透していると思われるので、ここで整理して記しておく。

旧名称　「インスタントラーメン発明記念館」
新名称　「カップヌードルミュージアム 大阪池田」（正式名称「安藤百福発明記念館 大阪池田」）
所在地　大阪府池田市満寿美町八―二五
開　館　一九九九（平成一一）年一一月

旧名称　「カップヌードルミュージアム」（正式名称「安藤百福発明記念館」）
新名称　「カップヌードルミュージアム 横浜」（正式名称「安藤百福発明記念館 横浜」）
所在地　神奈川県横浜市中区新港二―三―四
開　館　二〇一一（平成二三）年九月

I　若き安藤百福

はじめに

第一部では、安藤百福の生涯を辿ってみたい。

それにあたっては、主要な参考文献について、まず紹介しておきたい。その点から書き始めるのは、安藤百福の場合、生涯を追うための参考文献が比較的に限られ、「決定版」と呼ぶにふさわしい文献があるためである。

企業家の生涯を辿る際、多くの場合基礎資料となる『日本経済新聞』連載の「私の履歴書」[1]は、安藤百福の場合、二〇〇一（平成一三）年九月に連載されており、当時九一歳であった。没年が九六歳であるから、かなり晩年までが「私の履歴書」に記されており、本書はすでに決定版に近い内容となっている。

例えば、同じように戦後日本を代表する起業家の本田宗一郎（一九〇六〔明治三九〕〜一九九一〔平成三〕）の場合「私の履歴書」が発表されたのは五五歳時点である。[2]あるいは井深大（一九〇八〔明治四一〕〜一九九七〔平成九〕）の場合五四歳時点のものであり、[3]本田が八四歳、井深が八九歳まで生きたことを思うと、到底生涯を追ったものとはなっていない。そのため、この両者の場合、文庫化するにあたって、[4]第一部が「私の履歴書」であり、第二部は本人の著ではなく、新聞社によって新たに書き下ろされており、第一部と第二部をあわせて本田、井深の生涯を描くものとなっている。

その点、安藤百福（一九一〇〔明治四三〕〜二〇〇七〔平成一九〕年一月）は没年の約六年前であるから、生涯のほとんどを描いている。

この「私の履歴書」の内容に、その後亡くなるまでの約六年間の出来事を加筆し、エピローグを添えたものが、百福が永眠した翌年の二〇〇八（平成二〇）年に刊行された『日清食品50年史』[5]の第一分冊「安藤百福伝」であり、先に決定版と呼ぶにふさわしい文献があると述べたのは、この書のことである。

なお、この「安藤百福伝」は現在、『転んでもただでは起きるな！——定本・安藤百福』（安藤百福発明記念館編、二〇一三年三月初版発行、中央公論新社）[6]の第一部に収録されており、のちに二〇一三年一一月に発刊された文庫版の入手が本書執筆時点では容易である。内容的にも、若干の語句の変更などはあるかもしれないが、筆者が確認したかぎりでは同一内容であるため、本書の引用にあたっては、この文庫版でのページ数を注に表記した。

以上は言い換えれば、例えば本田宗一郎の場合、ジャーナリスト出身の中部博による四〇〇ページを超える労作『定本 本田宗一郎伝』[7]や、本田技研工業の五〇周年に制作された社史[8]を代表として、いくつかの比較しうる参考文献がある。あるいはソニー創業者の盛田昭夫の場合も、森健二による五〇〇ページを超える労作『ソニー 盛田昭夫』[9]などがあり、いわゆるジャーナリスティックな視点から、異なった角度で検証した資料があるが、安藤百福の場合、『日清食品50年史』分冊の「安藤百福伝」が決定版という充実した内容である反面、別の視点から新たな情報を付加するといった検証が行いにくいという資料環境にある。

まずは以上を前提として述べ、以下では「安藤百福伝」を中心としながら、その生涯を辿ってみたい。

幼少期――生まれた時から「商売」の環境

安藤百福はハレー彗星の落とし子と言われた[10]。「安藤百福伝」は、このエピソードから始まる。「私の履歴書」もハレー彗星の地球接近から始まるから、あるいはこのエピソードを、百福自身が自分を紹介する時好んで用いていたのかもしれない。

生まれたのは一九一〇（明治四三）年三月五日である。目鼻立ちが堂々として、耳たぶの立派な福耳を持った子だった。後年の写真からも、その福々として気力にあふれた顔立ちは印象的だが、子供の頃からそうだったようである。ちょうどその年、七六年周期で地球に最接近するハレー彗星が近づいており、地球にぶつかるのではないかと大騒ぎだった。

「この子は将来、何か大きなことをしでかすかもしれない。できれば世の中に幸せをいっぱいもたらすような人間になってほしい」。両親はそんな願いを込めて「百福」と名づけたという。[11]

生まれたのは台湾であった。日本は韓国を併合して軍事大国の道を歩もうとしていた。幸徳秋水が大逆事件で逮捕された。世の中は不穏な空気に包まれ、歴史は激しく揺れ動き始めていた。八月二九日には韓国併合、直後には朝鮮総督府が設置されている。

安藤が生まれ幼少期を過ごしたのは台湾の台南県東石郡朴子街という町である。日本が台湾を領有してから一五年たっていた。内地での騒々しい雰囲気も、さすがにこの静かな地方都市までは伝わってこなかった。[12]

安藤は幼い頃に、両親を亡くした。両親の顔を知らないという。[13] 父は相当な資産家だったらしい。兄が二人、妹一人の四人兄弟が残され、祖父母のもとで育てられた。祖父の仕事は織物を扱う呉服屋だった。しつけは厳しく、物心つく頃には、掃除から炊事、洗濯、雑用まで何でも言いつけられた。それが商家の教育法だった。大家族だったらしく食事時になると、一つの丸テーブルに並び切れないくらい大勢の人が集まった。店は活気にあふれ、商人たちが出入りし、荷受けや出荷に精を出す人々の威勢のいい声が飛び交った。

「商売は面白いな」と子供心に思った。

両親の顔を知らないというのは、通常であれば人格形成に大きな影響を及ぼすであろうが、安藤百福の場合、「私の履歴書」「安藤百福伝」ともに、それについてはふれていない。例えば同じように二歳で父親を亡くした井深大の「私の履歴書」には、その影響が詳しく述べられているの[14]とは異なる叙述である。しかし、この点については、想像の域を出ないことでもあり、ふれていないという点を指摘するにとどめよう。

暇があると店へ出て、半日でも大人たちのやり取りを眺めていた。大きな五つ玉のそろばんに触るのが好きで、幼少から足し算、引き算、かけ算ができた。なぜか数字に強い関心を持った[15]という点が興味深い。子供の頃から身近に商売がある環境で育ったことは、のちの起業においておおいに役立ったことだろう。後から述べるが、安藤百福はチキンラーメンの発明に成功するまで、実に多くの商売をみずから起業している。

安藤は独立心の強い子供で、高等小学校に行くようになると、まだ暗いうちに起きて、自分と妹の朝食と弁当をつくり、それから登校した。[16]

学校時代の友人に、東石郡守（今の県知事と市長の中間ぐらいの役職）の息子で森永という人がいた。祖父の家が学校から遠いのを気遣って、自分の家から通学してはどうかと誘ってくれた。好意に甘えて、書生のような格好で住み込んだ。

学校を卒業すると、さっそく祖父の仕事を手伝った。義務教育を受けたとはいえ、熱心に勉強した記憶はなく、学校よりも商売の取り引きを通じて多くのことを学んだ。「取り引きとは、取ったり引いたりするもので、取りすぎて相手を殺してしまっては元も子もない」。こんな商売の機微を、若い頃から身につけていたと「安藤百福伝」は述べている。(17)

しばらくすると、お世話になった森永郡守から、街に初めてできた図書館の司書にならないかと誘われた。晴れがましい気持ちで引き受け、毎日、本の貸し出し、受け取り、棚の整理をした。仕事の合間に、いろいろな書物を拾い読みした。世界文学全集、シェークスピアの戯曲、孔子の論語、美濃部達吉の天皇機関説に関する本などを読んだ。安藤は「私には学問はない。あるのは実際の体験だけだ」と言うのが口ぐせだったが、青春の多感な時期に、書物から貴重な知識を吸収していたようである。

しかし、商家で育ったせいか、本に囲まれた環境はやはり性に合わなかったらしい。何か商売を起こしたい。そんな冒険心を抑えることができなくなり、結局、司書の仕事は二年しか続かなかった。

商売をやるなら「誰もやっていない新しい事をやりたい」。祖父の仕事が織物を扱う呉服屋だった影響からと思われるが、繊維業界の動きを調べるうちに、安藤はメリヤスに注目した。当時は新式の編み機が続々と登場し、化学繊維の普及と相まって大発展する兆しがあった。それに、編み物のメリヤスを扱う仕事なら、祖父の織物業の邪魔にならないだろうという配慮もあった。(18)

独立を決意したのは一九三二(昭和七)年、二二歳の時だった。かなり若い年齢だが、幼少期から身近に商売があり、自分でも積極的に働いた体験がそれを可能にしたのだろう。一種の丁稚奉公を経て、とみれば二二歳は必ずしも早すぎる年齢ではない。松下幸之助が独立したのも同じ二二歳であった。

安藤百福の二男であり、のちに百福の跡を継いで日清食品の二代目社長となる安藤宏基は次のように述べている。[19]

「戦前から戦後にかけて、安藤百福は数多くの事業を起こした。私が記憶しているだけでも十件は下らない。

まず二十二歳の若さで始めたメリヤス貿易で大成功し、相当な資産を蓄える。これが事業家としての出発点だった」。

台北市永楽町に資本金一九万円の「東洋莫大小《メリヤス》」という会社を設立した。日本内地から製品を仕入れて台湾で販売する。創業資金は、祖父が管理してくれていた父の遺産を役立てた。[20]

最初の事業――メリヤス販売で大成功

メリヤス販売は最初から大当たりした。日本内地からいくら製品を仕入れても、間に合わなかった。そこで、翌一九三三（昭和八）年、大阪・船場のすぐ隣り、堺筋沿いの唐物町二丁目（現在の久太郎町一丁目あたり）に「日東商会」を設立して、貿易業務を始めた。

日本における事業の出発点は、進取の気風に富んだ商都大阪だった。おそらく安藤百福の性格にも合ったのだろう。若かりし頃の写真をみると、商売をやれば才気煥発そうで、恰幅もよく、いわゆる「押し出し」も強そうである。取引先は和歌山、大阪、東京などのメリヤスメーカーである。工場を見て回り、つくり方を勉強した。すぐに綿、毛、絹の素材の特長や、基礎知識を身につけた。

ここで興味深いのは、安藤百福がその後展開する数々の起業に共通する特徴が、すでにこのスタート時点から見出せることである。というのも、扱う製品は安藤が考えた特注品だった。糸の太さはこれ、編み方はこうと、いちいち注文をつけたのである。取引先にはうるさがられたが、他には真似のできない商品を扱うことができ、客の評判は上々だった[21]。始めた時は素人ながら、必要な知識を現場ですぐに吸収し、そこに独自の工夫を加えて新しい商品を開発していく。後のチキンラーメンやカップヌードルの開発まで共通する、安藤百福の手法である。

「素人」と述べたが、安藤の場合これは決して否定的な言葉ではない。実際、安藤百福自身が、自分は素人であることを意識し、むしろそれを積極的に活かしているからである。安藤は次のように語っている。

「私は（中略）専門家の言うことを鵜呑みにはしない。時には、素人の発想が正しいこともある[22]」。

「素人だからこそ常識を超えた発想ができる[23]」。

第二部で詳しく分析するが、この思考は安藤百福の極めて特徴的な点であり、その成功に大きく貢献したことを、ここで指摘しておきたい。

話を戻そう。どうせやるなら、日本一のメーカーと組まなければ面白くない、と安藤は考えた。その頃日本一のメリヤス業者とは「丸松」だった。一九〇四（明治三七）年創業の老舗である。大阪の旧阪神北海老江駅の前にあった本社工場を訪ねた。貿易部長の田附《たづけ》駿吉と商談したが、半信半疑の様子である。しかし、生産の責任者を呼び出してくれ、これが幸いしたのである。現れたのは五十年配の藤村捨治良という工場長で、歳の差はあったが、二人は妙に気が合い、商談は成立した。その後、藤村とは仕事で話が弾むと自宅に招かれ、食事をふるまわれるほど親しい関係になった。[24]

次々と新事業に着手した頃（1930年代）

ここで、安藤百福は興味深い行動に出る。事業が軌道に乗ってくると、これからの時代は学問を修めていないと肩身が狭いと思うようになった。そこで大阪北浜の下宿先から、京都の立命館大学専門学部経済科に通うことにした。夜学である。社員は十数人に増えていた。社長業は出張も多く、忙しかったから、熱心に授業を受けられる状態ではない。それでも、一九三四（昭和九）年三月になんとか修了することができた[25]。

筆者が「興味深い」と書いたのは、経営学者の加護野忠男・神戸大学名誉教授の次のような指摘を思い出したからである。

「『昭和の代表的な企業家を挙げよ』といわれたとき、真っ先に挙がるのが松下幸之助、本田宗一郎、そして関西では中内㓛ではないか。

筆者はあるとき、三者に共通点があることを発見した。それは仕事に就いてから、学校へ通ったということである。幸之助は大阪電灯時代、関西商工学校の夜学に通ってまで電気の勉強をしようとした。本田は社長になってから、いまの静岡大学の工学部、浜松の高等工業学校で勉強している。中内は神戸の三宮で闇市に店を出しながら、神戸経済大学（現神戸大学）の経営学部の夜間部で勉強した[26]」。

学校に通った理由はそれぞれであるとしても、いずれもある意味では「素人」であり、しかし目的に向かっての知的探究心は凄まじく、それゆえ独特の発想をなしえた企業家という点でも、共通項があるように思われる。

ちなみに安藤百福は、のちに立命館大学から名誉経営学博士号を授与されている。大学側の「戦後のベンチャービジネスの卓越した成果である」という強い推薦理由に押されて受けることとなったという。同大学としては日本人初の名誉博士だった[27]。

さて、若い頃の安藤は独身で自炊生活を強いられたため、みずから食材を買い揃え、料理する

ことが多かった。おかげで「もし私がコックか板前になっていても、第一級の料理人になってい
ただろう」と自慢するほどの腕前であった。また「料理のでき上がりを見れば、およその調理法
は察しがつく」というまでに腕を上げた。[28] この自炊経験が、のちの即席めん開発におおいに役立
ったであろうことは間違いない。
根っからの起業家であった安藤は、メリヤス以外にも、いろいろな事業に手を染めている。例
えば、近江絹絲紡績(現オーミケンシ)の夏川嘉久次社長らと相談して蚕糸事業を企画したこと
がある。ヒントになったのはヒマシ油だった。本来は下剤として使うが、当時は飛行機の潤滑油
に使われ、旺盛な需要があった。蚕《かいこ》は普通桑の葉で飼うが、実験してみると、ヒマの葉も食べる
ことがわかった。少し繭が黄色みを帯びるが成長が早い。
そこで、安藤が台湾でヒマを栽培し、その葉で蚕を飼育し、その実からはヒマシ油を取る。一
方、繭は近江絹絲で糸にし、福井県にある酒伊繊維工業が織物にする。それを三井物産が売る。
そんな計画をたてた。資本金は五〇万円で盛大にスタートした。一石二鳥を狙う優れたアイデア
だったが、戦局が悪化したため中止せざるをえなくなった。[29]

アイデアを次々に事業化へ

時代は悪化していった。一九三八(昭和一三)年に国家総動員法、一九四一(昭和一六)年に
は生活必需物資統制令が公布された。もう自由に繊維の仕事に打ち込める状況ではなくなった。

一九四一年一二月八日、宣戦の詔書が発布され、安藤はその日のことを鮮明に覚えている。台湾に出張中で、嘉義市の日本旅館「柳屋」の畳の上にあおむけになり、ラジオニュースに耳を傾けていた。

「大本営陸海軍部一二月八日午前六時発表。帝国陸海軍は本八日未明西太平洋において米英軍と戦闘状態に入れり」

日本が戦争に突入したため、貿易の仕事を続けることは難しくなったが、なにか新しい事業をやりたいという意欲は衰えなかった。独立心旺盛で、じっとしておれない性分の安藤は、また新たな事業を展開する。

幻灯機の製造である。当時、軍需工場では徴用で駆り出された素人工員ばかりが働いていた。機械の使い方を知らない。困った軍は、工場で旋盤やフライス盤の使い方を教えるのに幻灯機を用いたのである。しかし、その数が足りなかった。もちろん安藤は光学機器には素人だったが、持ち前の好奇心を発揮して勉強し製品を完成させた。こういった、素人でありながら様々な工夫で新事業を立ち上げるということは、改めて指摘しておくが、安藤百福の若い頃からの一つの特質である。

本土への空襲が激しくなると、岡山県境に近い兵庫県の上郡《かみごおり》に疎開した。もちろんじっとしてなどはいない。さっそく二五ヘクタールの裏山を買った。家庭で燃料の乏しい時代だったので、炭焼きの企業化を図ろうとしたのである。

兵庫県相生市では、戦災で家を失った人のために一〇平方メートルほどのバラック住宅を製造する仕事に関係した。規格化された柱や壁材をたくさんつくっておいて、現地で組み立てるという斬新なアイデアで、これは戦後に生まれたプレハブ住宅のはしりであろう。

「何か人の役に立つことはないか。そう思って周辺を見わたすと事業のヒントはいくらでも見つかった」と安藤は当時を振り返る。[30]

しかし同じ頃、人生観を大きく変える、思いもよらぬ災難が降りかかったのである。

川西航空機の下請けで軍用機用発動機（エンジン）の部品などを製造する会社を、知人と二人で共同経営した。軍需工場である。資材は国から支給される官給品である。毎月、軍の厳しい点検があった。ある日、資材担当の社員が「どうも数が合いません。誰か横流ししている人間がいるようです」と耳打ちした。

安藤は驚いた。軍の資材に手をつければ、殺されても文句の言えない時代である。思いあぐねた安藤は大阪市の東警察署を訪ねた。「警察の管轄じゃないので、憲兵隊に相談しなさい」と言われた。その足で憲兵隊に出向いた。応対に出たのはK伍長だった。

「ちょっと待ちなさい」。そう言って部屋を出ていったK伍長は、そのまま戻ってこない。やましいことなど絶対にないと信じていても、不安は高まった。当時、憲兵隊は「泣く子も黙る」という絶対的権力を持つ立場である。正しいからといって、その主張が通るとは限らない。かなり時間がたって、ようやく現れたK伍長の態度はがらりと変わっていた。取り調べ室に入れられ、尋問が始まった。

「おまえはけしからんやつだ。自分で悪事を働いておきながら、他人に罪をなすりつけようとしておる。横流ししたのは、おまえじゃないか」

話が逆になっている。全身の血がすーっと引いた。「そんなことはありません。私は被害者なんです」と主張したが、聞き入れてくれなかった。もちろん弁護士などを呼べる時代でもない。有無を言わさぬ暴行が加えられた。棍棒で殴られ、腹をけられた。揚げ句は、正座した足の間に竹の棒を入れられた。拷問である。当時としては珍しくなかった。暴行を加える側も躊躇などしていなかった。そのような時代である。

安藤は「よく事情を説明すればわかってもらえる、調べさえすれば真実は明らかになる」と、そう信じてひたすら耐えた。

しかし、この考えが甘かった。やがてわかったことだが、安藤を陥れるワナが仕組まれていたらしいのだ(31)。

極限状態の中で「食」に突き当たる

「よく考えておけ」と放り込まれた留置場には六、七人の男たちが肩を寄せ合って座っていた。お互いに身体を伸ばして寝られないほどの狭さである。身にこたえた。暴行はいつ果てるともなく続いた。いつの間にか、「私が犯人です」と認める自白調書がつくられており、判を押せと強要された。「罪を認めれば、この責め苦からは解放されるかもしれないが、正義は死んでも守りたい」と思った安藤は抵抗した。

しかし、困ったのは食事だった。出てくるものは、来る日も来る日もわずかな麦飯と漬物だけ。食器は汚れていて臭い。さすがの安藤も、とても箸をつける気になれなかった。ところが、同房の人たちは安藤の残した食事を奪い合った。それを見て、あさましい姿だと思った。

しかし、しばらくして気持ちに変化が生じた。

「しょせん人間は動物ではないか。飢えれば豚になる。それだけのことだ」

「豚」という表現が強烈である。安藤の自伝的著書には、この場面は重要な体験として必ず描かれている。

極限状態の中で、不意に「食」というものに突き当たったのである。「人間にとって食べ物ほど崇高なものはない」という強い思いに打たれた。すると、どうしても喉を通らなかった麦飯が食べられるようになった。汚れた水も飲めるようになった。

安藤は、なんとかこの状況から逃れる方法はないかと考えた。生きるために不潔な食事に耐えることはできる。しかし、いくらがんばって生きていても、やがて拷問の果てに死んでしまうかもしれない。なまじ健康なために暴行を受けるより、いっそ食べることをやめて病気になってしまったほうがよほどマシではないかと考えた。安藤は再び絶食を決意した。

食事はすべて同房の人に与えた。食を絶ってしばらくすると、下痢が始まった。体力は目に見えて衰え、今度は間違いなく死と直面しているように感じた。あまりの衰弱ぶりに、同房の人たちも同情した。ある人が「明日シャバに出られる。何か力になれることはないか」と尋ねてくれた。安藤は今の窮状を昔からの知り合いの井上安正元陸軍中将に伝えてくれるように頼んだ。すると翌日にはもう、井上が憲兵隊に現れ、安藤を留置場から救出してくれたのである。危機は思いがけず実にあっけなく幕を閉じた。陸軍中将に人脈を持つ安藤の手腕も興味深い。あとになってわかったことだが、資材の横流しをしていたのは共同経営者のMだった。MとK伍長は親戚同士で、裏でつながっていた。

厳しい体験ではあったが、安藤はここで一つの「悟り」とでもいうものを手に入れる。「私は一度豚になった。そこからはい上がってきたとき、食をつかんでいた」。やがて即席めんという新しい食品の発想につながる痛切な思いを、この時深く心に刻んだと、「安藤百福伝」は記している(32)。

太陽の光を見たのは四五日ぶり、自力で歩けないほど疲れ果てていた。大阪市北区の中央病院で六〇日間もの長期療養を余儀なくされた。腹部の痛手は持病となって、のちに二度も腸閉塞のために開腹手術をしなければならないほど尾を引いた。これほどの体験であるから、安藤百福の人生に極めて大きな影響を与えたのはすでに述べた通りである。

退院後、大阪府吹田市千里山の自宅に帰った。余談ながら、三軒隣に若かりし頃の藤田田《でん》が住んでいた。面識はなかったが、藤田がふらっと安藤の自宅を訪ねてきたことがある。当時、大阪では、安藤はすでに資産家として名が通っていたのである。若い藤田が先輩企業家である安藤に経営相談にでもきたのだろうかと想像はつきないが、残念なことに「話した内容は記憶にない」ということである。それから二五年以上たって、一九七一（昭和四六）年、藤田は日本マクドナルドを創業し、銀座三越に一号店を開く。同じ年、安藤はカップヌードルを開発し、銀座歩行者天国だった三越前で試食販売をする。奇しくも、戦後日本を代表する二つのファストフードが銀座で出合い、スタートしたのである。不思議な運命の糸を感じさせる逸話である。[33]

時代背景はといえば、やがて大阪でもB29爆撃機による空襲が激しくなった。安藤は兵庫県の上郡に疎開し、その上郡で終戦を迎えた。

一九四五（昭和二〇）年八月一五日、青畳の上に思い切り体を伸ばし、玉音放送を聴いた。[34]

（1）安藤百福［二〇〇二］、『魔法のラーメン発明物語――私の履歴書』（日本経済新聞社）。なお、文庫版は同タイトルで二〇〇八年刊（日経ビジネス人文庫）。
（2）現在入手可能なのは二〇〇一年に発刊された『本田宗一郎 夢を力に――私の履歴書』（日経ビジネス人文庫）。
（3）現在入手可能なのは二〇一二年に発刊された『井深大 自由闊達にして愉快なる――私の履歴書』（日経ビジネス人文庫）。
（4）右記の二冊。

(5)日清食品株式会社社史編纂プロジェクト編［二〇〇八］、『日清食品50年史 1958‐2008』(同社)。この社史は三分冊となっており、第一分冊が「日清食品創業者・安藤百福伝」(以降「安藤百福伝」と略記する)、第二分冊が「日清食品50年史・創造と革新の譜」、第三分冊が「映像でつづる日清食品の50年」(DVDが添付されている)となっている。

(6)安藤百福発明記念館編［二〇一三］、『転んでもただでは起きるな！――定本・安藤百福』(中公文庫)。なお、親本となる四六判は同タイトルで二〇一三年刊(中央公論新社)。なお、本書では算用数字が用いられているが、引用にあたっては漢数字に改めた。

(7)中部博［二〇一二］、『定本 本田宗一郎伝』(三樹書房)二二一～二二五ページ。本書は「あとがき」によれば一八年間に四回の改稿が繰り返された労作で、四〇〇ページを超えるという、分量的にも豊富かつ充実した資料である。

(8)本田技研工業株式会社［一九九九］、『語り継ぎたいこと――チャレンジの50年』(同社)。

(9)森健二［二〇一六］、『ソニー 盛田昭夫――〝時代の才能〟を本気にさせたリーダー』(ダイヤモンド社)。

(10)前掲『転んでもただでは起きるな！――定本・安藤百福』一二ページ。

(11)同前。

(12)同前一二～一三ページ。

(13)同前五八ページ。

(14)前掲『井深大 自由闊達にして愉快なる――私の履歴書』一一～一八ページ。

(15)前掲『転んでもただでは起きるな！――定本・安藤百福』一三ページ。

(16)同前。

(17)同前一三～一四ページ。

(18)同前一四～一五ページ。

(19) 安藤宏基［二〇一〇］、『カップヌードルをぶっつぶせ！――創業者を激怒させた二代目社長のマーケティング流儀』（中公文庫）六〇ページ。なお、親本となる四六判は同タイトルで二〇〇九年刊（中央公論新社）。
(20) 前掲『転んでもただでは起きるな！――定本・安藤百福』一五ページ。
(21) 同前一五〜一六ページ。
(22) 安藤百福［二〇〇七］、『インスタントラーメン発明王 安藤百福かく語りき』（中央公論新社）四六ページ。なお、本書は一九八八年に日清食品で社内出版された『安藤百福語録』をベースに再編集したものである。同様の内容が『転んでもただでは起きるな！――定本・安藤百福』の第2部に収録されている。
(23) 同前四七ページ。
(24) 前掲『転んでもただでは起きるな！――定本・安藤百福』一六ページ。
(25) 同前一七ページ。
(26) 加護野忠男編著［二〇一六］、『日本の企業家2　松下幸之助――理念を語り続けた戦略的経営者』（PHP研究所）二五九ページ。
(27) 前掲『転んでもただでは起きるな！――定本・安藤百福』一七ページ。
(28) 同前一七〜一八ページ。
(29) 同前一八ページ。
(30) 同前一八〜二〇ページ。
(31) 同前二〇〜二一ページ。
(32) 同前二二〜二三ページ。
(33) 同前二三〜二四ページ。
(34) 同前二四ページ。

Ⅱ　「食」への目覚めと決意

焦土からの素早い再出発

行動の早い安藤は、終戦の翌日にはもう、妻の仁子《まさこ》と二人で疎開先の兵庫県上郡から汽車に乗り大阪に出た。汽車は自宅の様子を見に戻ろうという疎開者であふれていた。大阪駅に立つと、御堂筋沿いに焼け残った大ビル、ガスビルなどが見えた。ほかは一面、瓦礫の山だった。

南側は難波のあたりまで一望でき、奈良の方角を望むと生駒山や葛城山がすぐ近くに映った。道端にはまだ焼けた死体がそのまま放置されていた。三月一三日の第一次大阪大空襲から終戦前日の八月一四日まで続いた空襲で、焼失倒壊した家屋は三一万戸、被災者の数は一一三万五〇〇〇人、死者は一万四〇〇〇人に達していた。

安藤の事業の中心だった唐物町の事務所や、天王寺勝山通りにあった航空機部品工場などはすべて灰になってしまった。

一緒にその光景を見た妻の仁子とは、まだこの年の三月に結婚したばかりであった。戦時中、井上安正元陸軍中将の紹介で知り合った。仁子は一九一七（大正六）年福島県で生まれ、知り合った頃は財界人が集まる大阪クラブの受付をしていた。この女性に安藤は一目ぼれしてしまった。その後仁子には、安藤の人生の浮き沈みの中で、相当な苦労をかけることになる。(1)

焦土を目の前にして、さすがの安藤百福もこれから何をしたらいいのかわからず、途方に暮れた。しかし、そこは行動が早く、人脈も持っていた安藤である。実業界の大先輩だった久原房之助(2)に相談することにした。戦前戦後を通じて、安藤には親しく相談できる友人、知己が何人かいた。久原もその一人だった。安藤がいかにしてそのような人脈を築いたのかは興味深いところだが、残念ながら自伝にはそのあたりの記述がない。いずれにせよ、人を惹きつける魅力があり、活動的であり、新しい事業に次々と挑戦する安藤であれば、みずから人脈を築いた面もあろうが、自然にできていったというのもまた真実であろう。

もちろん強運も持っていたであろう。一例として、話はさかのぼるが、安藤がまだ若い頃、総理大臣の田中義一の自宅を訪ねたことがある。当時、司法書士をしていた叔父が田中と付き合いがあり、「お前も商売をやるなら顔が広いほうがよかろう」と誘ってくれたというのである。安藤は、東京の青山にあった田中邸の門をくぐった。当時の一般庶民には考えられない出来事である。

仁子と結婚

そうはいっても、安藤はまだ青二才である。相手は旧長州藩士の家に生まれ、陸軍大将になった軍人。恐ろしくて一言も口をきけなかった。しかし、そこに新たな縁が生じる。当時、まだ学生だった子息の田中龍夫と、その時初めて知り合ったのである。[3]

田中龍夫[4]は安藤と同じ一九一〇（明治四三）年生まれ。同じ年頃で気が合った。東京に出るたびに自宅を訪れるようになり、やがて家族ぐるみの付き合いが始まった。田中龍夫は貴族院議員、山口県知事から衆議院議員になり、総理府総務長官、通産大臣、文部大臣などを歴任した。

田中が政界入りしたことで、安藤の交際範囲もおのずと広がり、佐藤栄作[5]、福田赳夫[6]ら歴代宰相の厚誼を得ることになった。福田赳夫はいつも龍夫の潔癖な人柄を褒めていたが、安藤のことは「すっぽんのような男である。いったん食いついたら離さない」と冷やかした。この人物評はなかなかに興味深い。福田が首相になって海外のサミットに行く時には、必ずカップヌードルを随行の記者団の分までまとめて携行した。パーティーの席上で、「私は安藤さんの会社の営業部

田中龍夫夫妻（右２人）とともに

長です」と冗談交じりのあいさつをするのが常だった。新製品ができると、安藤はよく早朝に試食用の製品を持って、ふらっと福田邸に立ち寄ったというのだから、その関係の深さもさることながら、その行動力にも目を引かれる。なるほど「すっぽんのような」という比喩は、的を射ているようである。当時、玄関にあいさつに出てくるのが、書生のようなかたちで住み込んでいた若き日の小泉純一郎（のちに首相）だった。福田家とは家族ぐるみの付き合いとなり、子息の福田康夫（のちに首相）とも親しい付き合いが続いた。
「安藤百福伝」によれば、このような政治家との親交は、元々友人である田中龍夫との関係から始まった。その幸運もさることながら、それを活かしきった安藤百福の行動力も特筆に値する。ただし安藤は謙遜気味に、「ラーメン屋のおやじだから、みなさん、わりと気さくに付き合って下さったのだと思う」と述懐している。[7]

とりわけ、久原房之助にはかわいがられた。久原は日立製作所の母体となった日立鉱山をはじめとする久原財閥を築いた人で、のちに実業界から身を転じて田中義一内閣の逓信相に就任した。義一亡き後、若い龍夫の後見人として田中家の面倒を見た。安藤はよく、田中龍夫と連れだって、港区白金台の久原邸（現八芳園）に遊びに行った。久原は長身で、いつも和服の着流し姿で現れるような粋な人だった。

安藤は若い頃から、細かいことによく気がつく性格で、そこが久原に気に入られたのだ。田中龍夫が山口県知事選に出ることになった時、久原から「ぼくはもう資金がないので、君が応援してやってくれ」と頼まれ、即座に「はい、わかりました」と引き受けた。[8]

こういった人脈が、安藤の活躍の場を広げるのに役立ったことは言うまでもない。終戦直後、茫然としていた安藤に、久原はこう助言した。

「君、こういう混乱期には不動産を買っておくものだよ。あるだけの金をはたいて、土地にしてしまいなさい」[9]

戦災によって、安藤が取り組んできた事業はすべて灰燼に帰したが、幸い過去の事業による蓄えがあった。戦後の安藤の事業家としての出発は、土地を買うことから始まった。

「やはり食が大事だ」

終戦直後であるから、土地は安かった。窮乏の時代、食べていくために土地を手放す人が多かったのである。大阪の中心街、心斎橋の店が一軒五〇〇〇円で買えた。安藤は心斎橋のそごう百貨店北側などで、三軒を購入した。このほか御堂筋の梅田新道付近や、いま大阪駅前ビルが建っている一画も買った。ここにはのちに、安藤の事業の拠点となる貿易会館を建設した。関西の財界人が集まるサロンのような場となった。

これらすべてを現在まで持ちこたえていたら、相当な資産になったはずだが、そうはならなかった。ある事件によって手放す羽目になる。若き頃の安藤百福の人生は、一難去るとまた一難といった波乱の多い人生である。

久原房之助と（港区白金台にあった久原邸にて）

一九四六（昭和二一）年が明け、疎開先を整理して大阪府泉大津市に急ごしらえで建てた家に移った。上郡からの列車は超満員で、窓ガラスは割れてなくなっていた。その窓から乗り込み、列車にしがみつくようにして大阪駅に着いた。

大阪駅から南海電車難波駅まで、約四キロメートルほどの道のりを歩いた。安藤、妻の仁子、お手伝いさんの三人は寒さをしのぐために着膨れしていた。持てる限りの重い荷物を背負って、黙々と御堂筋を歩いた。終戦から半年以上たっても、街には腹をすかせた子供たちや、やせ細り、うつろな目をした飢餓状態の人々があふれていた。道端にじっとうずくまっているのは、いま亡くなったばかりの餓死者だった。

この光景は、安藤にまた一つの「悟り」を与えた。

「やはり食が大事だ」と心底思った。「衣食住というが、食がなければ衣も住も芸術も文化もあったものではない」と。(10)

安藤は三六歳になっていたが、この時、すべての仕事をなげうって「食」に転向する決意を固めたのである。のちに、安藤の造語だが「食足世平《しょくそくせへい》(食足りて世は平らか)」を日清食品の企業理念に掲げたのは、この時の体験からきている。しかしこの時点ではまだ、食の仕事に取り組む具体的なアイデアはなかった。チキンラーメンの開発は、まだ十年以上先の話である。

ちなみに、日本人が食において一番困窮していたのは終戦直後だと思われがちだが、実際には安藤が見た光景の頃、すなわち一九四六年に入ってからが困窮の最もひどかった時期であるらしい。中村隆英の『昭和史(下)』によれば次のようである。

「(一九四六年—引用者注)当時の食糧事情は窮迫していた。東京における配給は、同年五月、米は九・七日分、小麦粉九日分、その他芋、麦、かん詰等を合わせて二二・一日分にすぎなかった。六月は米が三・九日分、その他とも二二・三日分にすぎない。しかも、それが期日におくれる遅配つづきであったから、焼け残りの着物や反物をもって農村に買出しにいくタケノコ生活が一般化したのである[11]」。

「事実、日本人の生活がもっとも苦しかったのは、この年（一九四六年）の前半期であったかもしれない。前年の不作によって、この年の春から夏にかけては、食料の配給はほとんどなくなり、すべての人びとはヤミ買いに走らざるをえなくなっていたのである[12]」。

さて、チキンラーメンの開発にはまだ時間がかかるとはいえ、才気あふれる事業家の安藤のことである。ようやく泉大津での落ち着いた生活が始まったと思う間もなく、すぐに新たな事業に着手する。戦後の泉南海岸には豊かな自然が残っており、高石市や堺市あたりまで白砂青松が続いていた。その光景に目をつける。海は澄んでいたし、沖へ出れば魚が面白いように捕れた。近くには旧造兵廠の広大な敷地が広がっていた。

「こんな天然資源をほうっておく手はないな」。そう思うと居ても立ってもいられなくなった。例によって、安藤の事業欲が燃え上がった。跡地は大阪鉄道局の管轄地であることがわかった。行動の早い安藤である。さっそく終戦処理を担当していた部署に、その使用を願い出た。熱心に働きかけたかいがあり、建物と資材の払い下げを受けることができた。しかも土地は無償で貸与された。

敷地は二〇万平方メートルもあり、中央には幅六メートルの道路が走っていた。高圧電線が引き込まれていて、機械類のスクラップやさびた鋼材が野積みされ、浜には銃弾に使う薬莢類が散乱していたという[13]。

街には復員軍人や引き揚げ者、疎開先からの帰省者があふれていた。中には短銃を持ち歩く者もいたというから物騒である。当時、運輸省鉄道総局長官だった佐藤栄作や貴族院議員の田中龍夫ら、親しい政治家と話をすると、いつも「若者が仕事もなくぶらぶらしているのは困ったものだ、間違いを犯さないうちに何とかしなければいけない」という結論になった。[14]「安藤百福伝」ではこのようにサラリと表現されているが、改めて安藤の人脈に驚かされる。

「それなら私が面倒を見よう」と、安藤はこの跡地に若者を集め、何か世の中のためになる仕事を与えようと考えた。造兵廠の構内には薄い鉄板がたくさん積まれていた。それを見てひらめいた。

「よし、塩をつくろう[15]」

「鉄板に海水」の自己流で塩づくり

泉大津で最初に始めた仕事は製塩だった。ここでも安藤百福らしい事業の始め方であった。塩づくりの経験はないのである。しかし、疎開している時に、赤穂の塩田が近くにあって、それをじっくり観察したことがあった。全くの素人ではあったが、なぜかつくる自信はあった。

構内には戦災を免れた古い建物が残っていて、それを工場や宿舎に利用したのである。そして薄い鉄板が放置されていたので、これを材料にして、「自己流の製塩法」を考えた。この時も自己流というところが安藤百福らしい。鉄板は海側を高くし、陸地の側を低くする。日差しを浴びてやけどするくらい熱くなった鉄板の上に海水を流す。この作業を何度も繰り返すと、次第に塩分が濃縮される。最後に、たまった濃縮液を大釜に入れて煮詰めると立派な塩ができた。泉大津の浜一面に、見わたす限り鉄板をずらりと並べた景色は壮観だった。「普通の塩田より、このやり方のほうが能率的だった」と自慢するほどの出来栄えだった。

当時、塩は国の専売品ではなかったため勝手につくって売ることができた。ご近所や泉大津市民に配っておおいに感謝されたという。余った塩は、ゴマや海苔を入れてふりかけにした。

また、漁船を二艘買い、沖合でイワシを捕った。全員、連日の豊漁にわいた。水泳の得意な妻の仁子も船に乗り、若者たちと一緒に泳ぎ、漁をし、はしゃいでいた。典型的な家族経営といった姿である。とれ立てのイワシはムシロの上に広げて乾燥させた。材料が新鮮なため、上等の干物になった。

内容、規模といい、いずれを取っても事業とはいいがたい。むしろ自発的な社会活動や奉仕活動（ボランティア）に近い。事業をしているわけではないから、若者たちには給料ではなく小遣いを与えた。仕事らしきものにありついて、お金がもらえるというので、駅などにポスターを貼って募集するとたちまち百数十人が集まったというのだから驚きである[16]。

といって、安藤はじっとしていない。一九四七（昭和二二）年四月、名古屋に「中華交通技術専門学院」（昭和区駒方町三丁目一番地）を設立した。製塩事業と同じように、仕事のない若者を集めて奨学金を与え、技術を身につけさせたいと思ったのである。自動車の構造や修理技術、鉄道建設の知識などを総合的に修得できる学院を目指した。全寮制で食事がつき、奨学金がもらえるというので、優秀な学生が集まった。

「これまで日本は中国に迷惑をかけた。中国は広いから、民生の安定のためには鉄道、自動車など交通整備が必要になる。将来、技術協力できる人材を養成してはどうですか」と佐藤栄作に勧められたのが設立の契機であった。[17]

田中龍夫は、東京帝大卒業後すぐに南満州鉄道（満鉄）に勤務した経験があり、鉄道事業に造詣が深かったため、いろいろと知恵を借りた。[18] トヨタ自動車の隈部一雄専務に頼むと、自動車の車体、エンジン、シャーシなどを教材として無料提供してくれた。名古屋大学は一一人の教授を派遣してくれた。第一期生は中国人、日本人各三〇人で計六〇人。戦後の索漠とした時代だったが、安藤のつくった交通学院は多くの人の厚意に支えられてスタートした。このあたりも「安藤百福伝」はさらりと描いているが、なかなかの人脈であり、行動力である。「安藤百福伝」では、右の記述に続けて、次のような逸話を紹介している。

当時大阪朝日新聞の社会部長だった原清はこの事業に疑問を抱いた。「こんな時勢に無償で学校経営するような奇特な人間がいるわけがない」。安藤に取材を求めた。「本当にそんなお金を持っているのか？」と尋ねる原に、安藤は机の引き出しから預金通帳を取り出し開いて見せた。その残高を確認した原は「これは失礼なことをしました」とその場で謝ったという。こんな一幕があったおかげで、二人は意気投合し、その後、原が朝日放送の社長、会長になり、亡くなるまで仕事とゴルフなどで親交を深めた[19]。

一九四八（昭和二三）年九月、安藤はいよいよ本格的な食品事業を始めようと、魚介類の加工・販売などを目的とした「中交総社」（資本金五〇〇万円）を泉大津市に設立した。翌年には「サンシー殖産」と商号を変え、大阪市北区曽根崎に移転した。加工食品の輸出入や販売を目的とする会社だった。その後サンシー殖産は、安藤の身に降りかかったある出来事によって長い休眠状態に入るが、一〇年後の一九五八（昭和三三）年に「日清食品」としてよみがえることになる[20]。

中華交通技術専門学院を設立した38歳頃

闇市で見た原風景

「世の中を明るくするにはどうすればよいか」

そう考えると、事業のアイデアは汲めども尽きぬ泉のように湧きあがった。

中交総社を設立すると同時に、かねて抱いていた「日本の復興は食から」という思いを実行に移すため、「国民栄養科学研究所」を設立した。栄養食品を開発しようと考えたのである。

街ではまだ、栄養失調で行き倒れになる人が後を絶たなかった。スイトンや雑炊が食べられればいいほうで、人々はイモのツルまで食べて飢えをしのいでいた。国から配給される食糧では足りず、闇市が繁盛した。前年の一九四七（昭和二二）年一〇月には、東京地裁の山口良忠判事がヤミ食糧の購入を潔しとせず、栄養失調で亡くなった。そんな痛ましいニュースが流れていた時代である。

阪急電鉄梅田駅の裏手、当時の鉄道省大阪鉄道局の東側は一面の焼け野原で、そこに闇市が立った。寒い冬の夜だった。安藤百福は、そこで決定的な体験をする。

偶然そこを通りかかると、二〇〜三〇メートルの長い行列ができている。一軒の屋台があって薄明かりの中に温かい湯気が上がっていた。ラーメンの屋台だった。粗末な衣服に身を包んだ人々が、寒さに震えながら順番がくるのを待っていた。

一杯のラーメンがこんなに人々の気持ちを引きつけている。温かいラーメンをすすっている人の顔は、幸せそうな表情に包まれている。日本人は本当にめん類が好きなんだ。安藤は屋台の行列を見て、漠然とではあるが、そこに大きな需要が暗示されているのを感じた。これがラーメンという食べ物を心に刻んだ「原風景」となったのである。(21)

安藤百福の人生を決定づけた一瞬である。

とはいえ、実際にチキンラーメンの開発に成功するまでには、まだまだ紆余曲折が続く。

国民栄養科学研究所で最初に研究したのは病人食だった。入院中の患者が、病気そのものではなく栄養不良のために命を縮めていた。大阪市立衛生研究所の茶珍《ちゃちん》俊夫博士や大阪大学の栄養学の専門家らに協力を仰いだ。農林省（現農林水産省）食品局長でのちに農林大臣を務めた坂田英一からも強い賛同を得た。病人が元気になって回復が早まる栄養食品の開発に着手した。

安藤は昔から面白いテーマが見つかると、われを忘れて没頭してしまうところがあった。この性格は、生涯続いたと言っていい。今回も、たちまち栄養食品のとりこになり、ある晩、布団の中で「果たしてどんなものが材料になるのだろうか」と考えていた。すると、カエルの声が聞こえた。庭の池に食用ガエルが棲みついていたのである。「これは栄養剤の原料になるかもしれない」と思いついた。

さっそく若い者を起こして捕まえてみると、体長二〇センチメートルはあった。圧力釜に入れて、電熱器にかけた。二時間ほどたつと、ドーンという大音響とともに圧力釜が爆発した。中身が部屋中に飛び散った。家の中で一番きれいにしつらえた日本間の天井、鴨居、ふすまなどが台なしになってしまった。

「まあ、何もこんなところでなさらなくとも」と、仁子にさんざん絞られた。

そのようなエピソードを生みつつも、研究所では、牛や豚の骨からタンパク栄養食品に加工できるエキスを抽出することに成功した。こういった独自開発は、例によって安藤百福流である。ペースト状にしてパンに塗って食べる商品で、「ビセイクル」という名前をつけた。厚生省（現厚生労働省）に品質が評価され、病院にも一部供給された。ただし、生産量はごくわずかで、大きな売り上げがあったわけではないが、安藤の食品加工の第一歩は、こうして始まったのである。[22]

しかしこの第一歩は、後につながる大きな一歩となった。というのは、仕事の関係で農林省や厚生省に足を運ぶようになり、そこで、のちに即席めんの開発につながる大きなヒントを手に入れることになるからだ。

占領下、厚生省はアメリカの余剰小麦を使って、日本人に粉食を奨励していた。学校給食をはじめとして、粉食といえばほとんどがパンやビスケットだった。それが安藤百福には不満だった。そこで厚生省の栄養課長で、のちに国立栄養研究所所長になった有本邦太郎に会って、疑問をぶつけた。

「パン食にはおかずがいります。ところが日本人はお茶だけでパンを食べている。これでは栄養が偏ってしまう。東洋には昔からめんの伝統があるじゃないですか。同じ小麦を使うなら、日本人が好むめん類をなぜ粉食奨励に加えないのですか」

当時、うどんやラーメンは零細企業の仕事で、大量生産する技術や配給ルートはなかったのである。

「それほど言うなら安藤さん、あなたが研究したらどうですか」と有本は答えた。

安藤自身も、めんについて深い知識があったわけではないから、その場はそれで引き下がった。国民栄養科学研究所の研究者に開発を頼んでみたが、「ラーメンみたいなものは研究に値しない」と一蹴された[23]。

以来、安藤は、屋台に並んだ人の列と、厚生省でのやり取りが心に引っかかって離れなくなった。とはいえ即席めんが日の目を見るまで、まだ一〇年という歳月がかかる。その間、安藤の人生にはまだまだ試練の日々が続く。

脱税の疑いで巣鴨プリズンへ

当時の安藤百福をわかりやすく連想させるエピソードを紹介すれば、彼は青年隊を組織して、毎日、塩をつくり、海に出て漁をした。安藤が車で泉大津の自宅に戻ると、青年隊が整列して迎える。そのうち楽器のできる者が集まって、楽隊が結成された。にぎやかな楽隊つきの出迎えになってしまった。安藤百福の人望と指導力が垣間見えるエピソードである。

しかし、ある時、青年隊の中で気の荒い連中が街に出てけんか騒ぎを起こした。しばらくすると警察官が木に登って、製塩所の中を監視するようになった。「若い者がいっぱい集まって、どうもうさんくさい」とでも思ったらしい。製塩事業にからんで、警察が周辺の聞き込み捜査を始めたという話が耳に入り、安藤は憤慨した。当時警察を統括していた内務省の高官に「私利私欲のためにやっているわけじゃない。捜査をやめさせてくれ」と訴えた。それが警察の耳に入り、かえって心証を悪くしてしまった[24]。

安藤百福を出迎える楽隊（泉大津の自宅にて）

一九四八（昭和二三）年のクリスマスの夜だった。GHQ（連合国軍総司令部）の大阪軍政部長が転勤するというので、安藤の経営する貿易会館（大阪市北区）で赤間文三大阪府知事や杉道助大阪商工会議所会頭らを招待して送別会を開いた。会が終わり、正面玄関から客を送り出したあと、会館の裏手に停めてあった車に乗ろうとすると、二人のMP（米国陸軍の憲兵）が安藤の身体を両側から抱え込み、有無を言わさずジープに押し込んだ。安藤には何が起こったのかわからなかった。

容疑は脱税だった。泉大津の若者たちに渡していた小遣いが給与とみなされ、源泉徴収して納めるべき税金を納めていないというのだ。安藤にしてみれば、善意が踏みにじられた思いだった。

容疑を固め、検挙に乗り出してきたのは税務署ではなくＧＨＱだった。大阪の軍政部で裁判が開かれ、たった一週間で「四年の重労働」という判決が出た。裁判では、こちらの言い分は一切聞いてもらえなかった。

大阪財務局により財産が差し押さえられ、泉大津の家も工場も、炭焼きをした兵庫県の山林も、安藤名義の不動産はすべて没収された[25]。身柄は、巣鴨プリズン（東京拘置所[26]）に移された。

このようなことが起きた理由を「安藤百福伝」では次のように記している。

「ＧＨＱは、国の深刻な歳入不足を解消するために徴税を強める必要があるとして、日本の税務当局を督励した。これを受けて税務署は厳しく税を徴収した結果、国民の間から激しい反税運動が起きている最中だった。新しく着任した軍政部長が新聞談話を発表していた。『アメリカでは税金を払うのは国民の義務である。日本人も納税義務を果たすべきであり、違反者は厳罰に処す方針』という。記事の中で安藤が名指しされていた。どうやらみせしめに使われたようだった[27]」。

みせしめにというのは尋常ではなく、この点については、あるいはもう少し検証の余地があるのかもしれないが、残念ながら筆者にも、書かれている以上の情報は入手しえない。稿を進めよう。いずれにせよ、この巣鴨プリズンでの体験もまた、安藤百福に大きな「悟り」を与えることになったのである。

納得がいかない安藤は、税務当局を相手取り、処分の取り消しを求めて提訴する決意を固めた。京都大学法学部長を務めた黒田覺博士ら六人の弁護団を組織した。

巣鴨には、戦争犯罪の容疑やパージ（公職追放）で逮捕された政治家、言論関係者、財界人らが収監されていた。面識のあった岸信介とも偶然一緒になった。

巣鴨プリズンでは、元将校でも、貴族の出身者でも、学者でも、商売人でも食事はみんな平等だった。戦時中に味わった憲兵隊での経験に比べると天国と地獄の差があった。米兵と同じ食事だったから、一般の国民よりむしろ恵まれていたに違いない。重労働など一度もさせられなかった。さすがアメリカは自由の国だと感心した。

裁判が進むうち、税務当局の役人が「訴えを取り下げてくれないか」と言ってきた。取り下げるなら、即刻自由の身にしてもいいという。もし裁判で負ければ、反税運動を勢いづかせることにもなりかねない。旗色が悪くなったので、妥協を迫ってきたらしい。

しかし、安藤は訴訟を継続した。仁子は毎月面会にやってきては「もう訴えを取り下げてください」と頼んだ。そのつど「あとしばらく辛抱してくれ」と突っぱねた。

そうしているうちに、二年近くがたった。安藤が折れたのは、仁子が息子の宏基の手を引き、まだ一歳半の娘の明美を抱いて面会にきた日だった。大阪から一一時の夜行列車に乗り、翌朝東京に着く。朝に事務手続きを済ませて、午後一時からようやく面会が始まる。時間はたった四五分しかない。金網を挟んで話をする。仁子は離ればなれになった寂しい生活の苦労を伝えようとする。あっという間に時間がきて、また家族と引き裂かれる。

小さな手を振って帰っていく幼い子供たちの後ろ姿を見て、さすがの安藤も「もうこのへんが潮時かもしれないな」という気持ちになった。家族の生活を思うと、自分ひとりの正義を押し通すのも限界にきていた。弁護団は「最後まで闘えば必ず勝てる」と励ましてくれていたが、とうとう訴えを取り下げた。取り下げると同時に、即刻放免となった。

釈放された日は、神田の旅館に泊まり、実に二年ぶりの一家だんらんだった。安藤の髪の毛は半分白くなっていたというから、壮絶な体験である。(28)

信用組合の破綻——財産を失う

巣鴨に収監されている間に、泉大津の製塩所や自宅は立ち退き処分となった。名古屋の中華交通技術専門学院も閉校となった(学院はその後、発足したばかりの名城大学に併合され、建物は名城大学法商学部の校舎として活かされた)。

さて、放免はされたものの、安藤の事業家としての人生はまた振り出しに戻ってしまった。ここで人生の決定的な転機が訪れるのである。

一九五一(昭和二六)年のことである。四一歳になった安藤は恰幅もよく、やり手の事業家、資産家として名が通っていた。ある人から、大阪で新しく設立された信用組合の理事長になってほしいと頼まれた。安藤は金融関係の仕事は経験したことがなく、「よそ様の大切なお金を預かる仕事が、素人の自分にできるわけがない」といったんは断った。しかし、いくら断っても手を替え品を替え、何度も依頼にくる。三顧の礼といえば聞こえはいいが、内実は「名前だけで結構です。安藤さんのような人がトップにいるだけで信用がつく」というものだった。

金融機関であるから、たとえ小さな信用組合であっても、大銀行と同じように預金、審査、貸付など業務が細かく分かれている。「安藤百福伝」では次のように表現されている。

「安藤は独力で仕事を進める『現場主義』の人間だから、組織型の、分業化された仕事が肌に合わない。断るべきだったのである。ところが、ついつい甘い言葉にのって、引き受けることになってしまった。案の定、この信用組合はやがて経営破綻に追い込まれていく(29)」。

たしかに、これまでの安藤の事業スタイル、すなわち時流に乗りそうな商品にいち早く目をつけ、素人ながらも自身の創意工夫を加えて発展させていく、という成功パターンから見ると、信用組合の理事長というのは向いていなかったかもしれない。とはいえ、名前だけといっても理事長である以上、何もしないというわけにはいかない。安藤は営業担当者と一緒に組合員の会社を訪問した。心斎橋周辺をぐるっと回るだけで、相当な預金が集まったというから、その手腕はやはりたいしたものである。安藤自身も口座をつくって虎の子を預金した。そのようなわけで、最初は順調に進むかに見えたが、やがて雲行きが怪しくなった。「安藤百福伝」によれば、元々この信用組合は金融業務の専門家が一人もいない素人集団だった。貸し方がルーズだったこともあり、あちこちで不良債権が発生していた。

組合に入った預金は、その日のうちに都市銀行に預けていた。この都銀にとっては、黙っていても預金が集まるかわりに、組合員が振り出した手形や小切手は手形交換所に回され、都銀を通じて支払われた。多少の資金不足はそのつど、都銀が面倒を見てくれたので、信用組合はこの都

信用組合の理事長として執務にあたる

大阪府池田市の自宅の前で

銀を「母店」と呼んでいた。お互い持ちつ持たれつの関係だったのである。

その母店から経営上の問題点を指摘されるようになった。やがて不足金が設定融資限度枠を超えると、母店の姿勢はいっそう厳しくなった。「担保もあることだから、もうしばらく猶予がほしい」と頼んだが断られ、ついに不渡りを出し、取りつけ騒ぎが起きた。信頼していた母店が、担保に入れていた組合の建物と敷地を真っ先に差し押さえた。

なんとかこの苦境を脱したいと、安藤は自分の預金を引き出して債権の処理に充てようとした。しかし、すでに信用組合の資産は凍結されており、自分の預金口座といえども、勝手に引き出せない状況だった。

組合は破綻し、安藤は理事長として責任を問われた。

こうして安藤百福はほぼすべての財産を失った。

残ったのは大阪府池田市の借家だけだった。安藤には激しい後悔が残った。銀行の仕打ちも身に沁みた。この出来事を機に、二度と銀行からはカネを借りるまいと肝に銘じた。のちにある取引銀行の頭取から「日清食品は少しもカネを借りてくれないから面白くない」と言われたが、安藤が日清食品創業以来、ずっと無借金経営を貫いたのは、この苦い経験があったためである(30)。

安藤宏基はこの時のことをこう回想する。

私は小学生だったが、その日のことははっきりと記憶している。池田市呉服《くれは》町の自宅にあった家財道具に赤紙が貼られた。悲しいとか、寂しいとか、そんな感情はなかった。ただ見なれたタンスやら、置物やらが次々に運び出されるのを、妹と二人で、柱の影から呆然と眺めていただけである。(31)

安藤百福は次から次へと新しい事業に手を染めた。しかし、正義感や義侠心が強すぎて、良かれと思ってやったことを仇で返され、幾度となく不遇な目にあった。

私に言わせれば、みずからがまいた種と言えなくもない。甘い言葉にだまされやすい人の良さや、一つの事業にしっかりと腰をすえることのできない性格が災いしているように思えるからである。(32)

(1) 安藤百福発明記念館編［二〇一三］、『転んでもただでは起きるな!――定本・安藤百福』(中公文庫)二五～二六ページ。

(2) 久原房之助(一八六九～一九六五)。日立製作所、日産自動車、日立造船などの創立の基盤となった久原財閥の総帥として「鉱山王」の異名をとった。第一次世界大戦後の恐慌を契機に、政界へ進出。「政界の黒幕」と呼ばれた一面も持つ。

(3) 前掲『転んでもただでは起きるな!――定本・安藤百福』二六～二七ページ。

(4) 田中龍夫(一九一〇～一九九八)。田中義一の長男。貴族院議員、山口県知事を務めたのち、自由民主党に所属し衆議院議員となり、通産大臣、文部大臣を歴任。福田派の幹部として重きをなし、福田赳夫側近として活躍した。

(5) 佐藤栄作（一九〇一～一九七五）。内閣総理大臣として日韓基本条約批准や沖縄返還を成し遂げる。内閣総理大臣として七年八ヵ月の連続在任記録を持つ。ノーベル平和賞を受賞。
(6) 福田赳夫（一九〇五～一九九五）。大蔵省主計局長を経て政界入り。大蔵大臣、外務大臣などを歴任し、一九七六年一二月～七八年一一月まで第六七代内閣総理大臣。
(7) 前掲『転んでもただでは起きるな！——定本・安藤百福』二七～二八ページ。
(8) 同前二八ページ。
(9) 同前二九ページ。
(10) 同前二九～三〇ページ。
(11) 中村隆英［二〇一二］、『昭和史（下）』（東洋経済新報社）五二六ページ。なお本書の初版は一九九三年に同社より発刊。
(12) 同前五二六～五二七ページ。
(13) 前掲『転んでもただでは起きるな！——定本・安藤百福』三〇～三一ページ。
(14) 同前三一ページ。
(15) 同前三一～三二ページ。
(16) 同前三二～三三ページ。
(17) 同前三三～三四ページ。
(18) 南満州鉄道は、鉄道事業を中心としていたが、それのみならず広範囲にわたる事業を展開し、日本軍による満洲経営の中核となった。田中龍夫が南満州鉄道に入社したのは一九三七年。その後一九四〇年には企画院調査官に就任。それ以降の経歴をみても、相当な知識と人脈を持っており、それが活かされたと思われる。
(19) 前掲『転んでもただでは起きるな！——定本・安藤百福』三四～三五ページ。

(20)同前三五ページ。
(21)同前三五～三六ページ。
(22)同前三六～三八ページ。
(23)同前三八～三九ページ。
(24)同前三九～四〇ページ。
(25)同前四〇～四一ページ。
(26)巣鴨プリズンは、太平洋戦争後に設置された戦争犯罪人の収容施設。極東国際軍事裁判（東京裁判）により死刑判決を受けた東條英機ら七名の死刑が執行されたことでも知られる。現在は地上六〇階建てのサンシャイン60が建ち、池袋のランドマークとなっている。
(27)前掲『転んでもただでは起きるな！――定本・安藤百福』四一ページ。
(28)同前四一～四三ページ。
(29)同前四三～四四ページ。
(30)同前四五～四七ページ。
(31)安藤宏基［二〇一〇］、『カップヌードルをぶっつぶせ！――創業者を激怒させた二代目社長のマーケティング流儀』（中公文庫）五八ページ。
(32)同前六一ページ。

Ⅲ　チキンラーメンの発明に成功

ラーメンづくりに没頭

信用組合は倒産し、安藤は無一文になった。

結果的には、この失敗が大きな成功への始まりとなる。

事業の整理を終えて、池田市呉服町の自宅に引きこもると、身辺は急に静かになった。訪れる人もいなくなり、独りになった。結果的にはその環境が幸いした。安藤は死力を尽くさざるをえない境地に追い込まれたのである。

これには、安藤の性格も関係している。過ぎたことをいつまでも悔やまない。「失ったのは財産だけではないか。その分だけ経験が血や肉となって身についた」。そう考えると、また新たな勇気が湧いてきたという(1)。

安藤百福はすぐに行動を開始する。一九五七(昭和三二)年。前年七月に発表された『経済白書』は「もはや戦後ではない」とうたっていた。終戦から一二年が過ぎ、日本は高度経済成長へと歩みつつあった。食べるものもすでに潤沢になってきた。しかし、安藤は、戦後の窮乏の時代に思いついたアイデアを、ようやく実現しようと試みていた。家庭でお湯があればすぐ食べられるラーメンの開発である。この開発過程の分析は第二部で詳述するが、まずはその概観をここで見ておこう。

部下もいなければ資金も失った今、安藤は一人で取り組むしかなかった。しかし結果としては、静寂な孤独の時間が、安藤に独創的な開発を成功させる環境を提供した。昔なじみの大工に頼み、庭の離れに一〇平方メートルほどの小屋をつくってもらい、そこで研究に没頭した。大阪の道具屋筋を探し回って、中古の製めん機を手に入れた。直径一メートルもある中華なべ、一八キログラム入りの小麦粉、食用油などを買い、自転車の荷台にくくりつけては自宅に運び込んだ。

この時点では例によって素人である。全く手探りの状態で研究を始めた。天井からぶら下がった四〇ワットの裸電球の下で、チラシの裏に思いついたことをメモしては壁に張った。朝五時に起きるとすぐに小屋にこもり、夜中の一時、二時になるまで試作に没頭した。睡眠はわずか平均四時間しかなかった。こんな生活を丸一年の間、一日の休みもなく続けた。

開発にあたって五つの目標を立てた。

第一に、おいしくて飽きがこない味にする。

第二に、家庭の台所に常備できる保存性のあるものにする。

第三に、調理に手間がかからないようにする。

第四に、値段を安くする。

第五に、安全で衛生的なものにする。[2]

目標は定めたものの、開発は容易ではなかった。なにしろ、安藤はめんについては全くの素人である。めんの原料配合は非常に微妙なもので、水、塩などの加減がめん質をすぐに左右する。繰り返し失敗し、それと引き換えに少しずつコツをつかんでいった。つくっためんを製めん機にかけるとぼろぼろになったり、かと思うと団子状になってへばりついたというから、まさに素人の手探りである。つくっては捨て、捨ててはつくる。気の遠くなるような作業を繰り返す。結局、「食品とはバランスだ。食品の開発は、たった一つしかない絶妙なバランスを発見するまで、これでもかこれでもかと追求し続ける仕事である」と悟るまで、実験が繰り返された。

「安藤百福伝」は次のように記す。

「『チキンラーメンを発明した瞬間はどんな気持ちでしたか』と質問されると、安藤はいつもこう答えた。『これという決定的な場面は思い浮かばない。失敗を繰り返しながら、しかし、少しずつ前進していることは分かっていた。その先のわずかな光を頼りに、進み続けるしかなかった[3]』」。

第二部で分析するが、この言葉には安藤百福の独創性や発明家としての特徴がよく表れている。

試行錯誤の末、めんの配合が決まると、近所の知り合いのうどん屋に生めんを打ってもらうことにした。そのほうが手っ取り早く、効率がよかったからである。「いったい何を始めるのですか」と聞かれ、説明に困った。完全主義の安藤であるから、無理に頼み込むようにして、めんの太さ、コシ、配合などを細かく注文した。できあがった生めんを自転車の荷台に積んで持って帰る途中、出会った近所の人が振り返って見ている。「落ちぶれて、かわいそうに」とでも思われていたのだろう。しかし、気に留めなかった。頭の中は取り組んでいる即席めんのことでいっぱいだった。すさまじい執念と執着力だった。(4)

ちなみに安藤宏基は、父・百福についてこう述べている。

安藤百福の最大の性格的特徴は、人並みはずれた「執念」にあった。

思いつめたらもうほかの事は目に入らない。

「考えて、考えて、考え抜け。私が考え抜いたときには血尿がでる」、「発明はひらめきから、ひらめきは執念から」という言葉を残している。

子供のように好奇心が旺盛で、何にでも興味を持つ。いったん興味を持つと、われを忘れて没頭する。(5)

創業者と親交の深かった福田赳夫元総理は、「安藤さんはスッポンのような人である。いったん食いついたら離さない」と冗談交じりに挨拶されるのが常だった。しつこい性格はつとに有名だったようである。(6)

社員にも「考えて、考えて、考え抜け」としょっちゅうハッパをかけていた。本人は平然としているが、言われた社員にとっては胃炎を起こして倒れてしまうほどのストレスだった。商品開発のアイデアを思いつくと、朝一番で技術担当者に電話をかけて指示をする。夕方になると「もうできたか」と電話で聞く。

「まだやっていません」とでも言おうものなら大変である。

「人間その気になれば、一日で一か月分の仕事ができる」という言葉が返ってくる。

「何をちんたらちんたらやっている。君たちのやっていることは、火が消えてから芋を焼くようなものだ」

そんなことを言われた社員は山ほどいる。(7)

天ぷらの原理を応用し、油熱乾燥法を開発

以下の開発過程には、安藤百福を考える上で大切なヒントがたくさんあるから、詳しくは第二

部で分析するが、ここで概要を述べておこう。

消費者につくる手間を取らせたくないという強い思いがあり、安藤は、めんにあらかじめスープの味を染み込ませた「着味めん」をつくろうとしていた。しかし、肝心のその方法がわからない。小麦粉の中にスープを練り込むと、できあがっためんはボソボソに切れた。めんを蒸してからスープにつけてみると、粘りついて乾燥しにくかった。そこでジョウロでスープをふりかけ、少し自然乾燥した後、手でもみほぐしてみた。するとどうにか均一に染み込ませることができた。

ここで難問がある。言い換えれば、チキンラーメンの独創を決定づけた点である。めんを長期保存するには、そうめんのように乾燥させればよい。では、乾燥させるにはどんな方法があるか。また、お湯を注いですぐに食べられるような簡便な食品にするにはどうすればよいか。

保存性と簡便性。この二つが大きな壁として立ちふさがったのである。

ヒントは思いがけないところにあった。ある時、台所に入っていくと、仁子が天ぷらを揚げていた。水で溶いた小麦粉の衣は油の中に入るとじゅっと音を立て、水をはじき出している。浮き上がってきた時、衣の表面にはぽつぽつと無数の穴が開いている。

「これだ。天ぷらの原理を応用すればいいのだ」

安藤はそうひらめいた。

興奮した安藤はめんを一本、二本と油の中に放り込み、パチパチとはじけては浮かび上がる様子を飽きもせずに眺めていた[8]。

　水と油は絶対に相いれないという物理的特徴に気づいたのである。気づいてしまえば当たり前のことだが、その時点においてそれを発見したのは安藤百福一人だと言っていい。めんを高温の油に入れる。水と油の温度差によって、めんに含まれている水分が外にはじき出されるので、めんはほぼ完全乾燥した状態になり、半年間置いても変質したり腐敗したりしない保存性を獲得したのである。同時に、水分が抜けたあとには無数の穴が開いている。乾燥しためんに熱湯を注ぐと、その無数の穴から湯が吸収され、チキンスープが溶け出し、めんはもとの軟らかい状態に戻っていく。

　保存性と簡便性という二つの技術課題が同時に解決した瞬間だった。

　原理はわかった。さらに苦労したのはめんをきれいな一定の形に揚げる方法だった。めんの固まりを油に入れると、いったん沈んだ後、ばらばらになって浮かび上がってくる。これでは商品にならないのである。試行錯誤の末、針金と金網を買ってきて、自分で四角い型枠をつくった。その中にめんをほぐして入れ、手で同じ厚みに整えてからふたをする。ゆっくりと油につけてみると、じゅーっと音がして、水分が泡になって吹き出した。泡が切れる頃に引き上げてみると、めん体はきれいな四角形に焼き揚がっていた。

　この製法は「瞬間油熱乾燥法」と名づけられ、油揚げの即席めんをつくるためには避けて通れない基本的な製法技術として特許登録された[9]。発明家にして稀代の企業家・安藤百福が誕生した瞬間である。ちなみにここに記した製造工程は、「カップヌードルミュージアム 大阪池田」と「カップヌードルミュージアム 横浜」で実際に体験することができる。筆者は横浜のほうで体験してみた。百福が感じた発明の喜びを追体験しているようで、楽しい体験だった。

「即席めんのおいしさの秘密が、実はこの油熱乾燥にあることをご存じない方が多い」と安藤はよく口にした。パンやジャガイモにバターが合うように、穀物と脂肪とは大変相性がいい。即席めんも小麦粉を油で揚げることによって、独特の香ばしさが生まれた。街のラーメン屋のラーメンと一線を画すのは、まさにこの点なのである。どちらがおいしいという問題ではない。「二つは違う食べ物だ」と安藤は考えた。[10] この着眼は極めて重要で、第二部で再度議論したい。

四八歳からの出発

一九五八（昭和三三）年の春、即席めんはほぼ完成に近づいていた。玄関先の桜の木が満開の頃である。試作品をつくる段階にきていたが、安藤一人の手では追いつかず、家族総出の作業になった。この製造工程はチキンラーメンを語る上で欠かせないものだが、「安藤百福伝」では次のように記述されている。

「まず、めんをせいろに入れて蒸す。蒸し上がっためんに、チキンスープをふりかける。スープはトリをぶつ切りにしたものにトリガラと香辛料を加えて高圧釜で三時間ほど炊き出した。仁子や須磨（義母―引用者注）がスープ作りを担当した。めんが熱いうちに手でもみほぐし、すのこ棚に並べて陰干しする。水分含有率が四五％ほどの半乾燥状態になるのを見計らって、小屋に戻した。計測器がなかったので、安藤はいちいち手で触って水分含有を確認した。自分の手だけが頼りだった。あとになって、機械化された新鋭工場に足を運んだ時でも、ローラーから出てくるめんに必ず手を触れて水分を測った。開発時の癖が取れなかったのである。

さて、陰干しが終わると、鉄板に穴を開けて作った六個入りの四角い型枠にめんを詰める。それを一六〇度の油が入った中華鍋にゆっくりとつける。めんから水分が吹き出す。泡が小さくなったころを見計らって取り出す。このタイミングが大事である。めん全体が焼き菓子のように黄金色になっていて、何とも言えない香ばしいにおいが漂ってきた。それを冷ましてから包装する。宏基が一個ずつセロハンの袋に詰めた。明美は足踏みシーラーで袋を閉じる担当だった。シーラーの電熱部に触れてしょっちゅうやけどをした。

最後に全員で段ボール箱に三〇食ずつ詰めた。これだけの作業を連続して行い、一日に四〇〇食作るのが精いっぱいだった。家の中はまるで戦場だった」。

宏基はのちに日清食品の社長になると、「私は門前の小僧。小さい時から親父の仕事を見てきたので、知らず知らず即席めんに関する知識が身についた」と常々口にした[11]。

六月になると、大阪・梅田の阪急百貨店の地下食料品売り場で試食販売をした。安藤百福は小麦粉と食用油にまみれた作業着を脱いで、二年ぶりにスーツに着替えた。親戚の女性や泉大津で働いていた若者が何人か、手伝いにきてくれた。

しかし、「さあ、お湯をかけて二分でできあがるラーメンですよ」と言っても客は半信半疑である。目の前でラーメンの入ったどんぶりにお湯を注いでふたをする。二分たってできあがったラーメンの上に刻みネギをあしらって出すと、あっけに取られている。だが反応はよく、集まってきた主婦が試食しては買っていく。持参した五〇〇食はまたたく間になくなった。誰が言い出したのかはっきりしないが、のちにチキンラーメンは「魔法のラーメン」と呼ばれるようになった。安藤は客の反応をつぶさに観察しながら、この商品は売れるという確かな手ごたえをつかんだ。

この時、安藤はすでに四八歳である。「遅い出発ですね」とよく言われるが、いつも「人生に遅すぎるということはない。五〇歳でも六〇歳からでも新しい出発はある」と答えてきた。安藤百福はこう語る。

「私の人生は波乱の連続だった。両親の顔も知らず、独立独歩で生きてきた。数々の事業に手を染めたが、まさに七転び八起き、浮き沈みの激しい人生だった。（中略）しかし、そうした苦しい経験が、いざというときに常識を超える力を発揮させてくれた。即席めんの発明にたどりつくには、やはり四八年間の人生が必要だった[12]」。

注文殺到、量産へ

チキンラーメンは完成したものの、量産する設備や工場がなかった。知人に頼み込んで一〇〇万円の借金をした。そのお金で大阪市東淀川区（現淀川区）田川通り二丁目にあった古い倉庫を借りて工場に改装した。会社名は休眠していた「サンシー殖産」を引き継いだ。生産量は一日約三〇〇食でスタートした。

出足は順調ではなかった。百貨店では好評だったが、いざ食品問屋に持ち込むと反応は冷たかった。「袋に入っただけで、今までの乾めんとどこが違うんや」と言われた。試食した問屋の主人は、八五グラムで三五円という値段が気に入らなかった。

「うどん玉が六円ですよ。乾めんでも二五円や。これでは商売にならん」。どの問屋も異口同音に、乾めんと同じようなものだ、三五円は高いと言う。安藤は、「見た目は似ていても中身が違います。こちらはお湯をかけるだけで食べられるラーメンなんです」と力説した。(13)

問屋が示した反応は、なかなかに興味深いものである。問屋は「玄人《くろうと》」であり、玄人の目で見ると、「素人」の安藤がつくった商品の価値はすぐにはわからなかったのである。それだけ独自性のある商品だった証左である。

一方で安藤は、問屋に「現金で決済を」と申し入れた。すると、開いた口がふさがらないという顔をされた。当時の業界の慣習では、二カ月か三カ月の手形決済が普通だったからだ。安藤は「これは今までにない商品だから、新しい流通と新しいビジネスシステムで売りたい」と考えていた。

このエピソードも企業家・安藤百福の特徴的な一面がうかがえて興味深い。今までにない独自

100万円の借金をして生産をスタートした田川工場

田川工場の生産ライン（当時）

の商品を、独自の新しい流通で、そして独自に考えた新しいシステムで売ろうとしたのである。しかも、まだ全く実績のない商品だというのに、である。

「米は掛け売りをしないでしょう。即席めんも同じ主食的な商品だから、手形ではなく現金で」と粘ったが納得してもらえなかった。仕方がないので「とにかく置くだけ置いてください。代金は売れた時で結構です」と言って引き下がった。[14]

先に、安藤百福と松下幸之助の独立が同じ二二歳であったことを述べたが、松下が少年期に丁稚奉公をしたのが船場であり、少年期より商売になじんだ安藤百福が日本における事業の出発点としたのも船場のすぐ近くであるなど、偶然にすぎないとはいえ、面白い交錯である。そういった環境が影響したのかはわからないが、ここでの安藤百福のエピソードは、次のような松下幸之助のエピソードを連想させて興味深い。松下の初期のヒット商品である「砲弾型電池式自転車ランプ」の開発に成功した時のことである。商品は完成したものの、問屋での評判がかんばしくなかったため、小売店に二〜三個のランプを預け、そのうち一個を点灯させる。その実験の結果、これはよいということであれば残りのランプを売ってもらう。これは駄目だということであれば、代金は支払っていただかなくてよいという売り方である。[15]見本を無料で提供することで、その商品の優れた性能を幅広く知ってもらい、玄人である問屋を飛ばして、小売店と消費者に直接訴えかけたわけである。この販売方式が大成功をおさめ、松下幸之助は重要な飛躍の一歩を得たのであった。

「玄人」には反応の悪かったチキンラーメンであるが、消費者の反応は違っていた。一九五八（昭和三三）年八月二五日。大阪市中央卸売市場でチキンラーメンが初めて正規の販売商品となった（そのため日清食品は以後、八月二五日を「ラーメン記念日」としている）。

じりじりする気持ちを抑えて待っていた安藤に、一本の電話がかかってきた。

「安藤さん、売れるがな。チキンラーメン、一〇〇ケースでも二〇〇ケースでも持ってきて」

問屋からの注文の電話だった。他の問屋からも次から次と電話が入り始めた。「現金前払いでええから、できるだけぎょうさん回してくれ」「何ならこっちからバタコで取りに行きましょか」。バタコというのは、当時、関西で使われていた三輪トラックの愛称である。[16]

消費者は敏感に反応したのである。売れ始めれば、小売店は問屋へ注文する。その注文が殺到し始めたのである。明くる日から、目の回る忙しさに変わった。つくってもつくっても商品は足らなかったという。

チキンラーメン発売から四カ月が経過した一九五八年一二月二〇日、サンシー殖産は商号を「日清食品」と改めた。「日々清らかに豊かな味を作りたい」という安藤の願いが社名に込められたという。[17]

時代の風も安藤百福に味方していた。『昭和経済史』（中村隆英著）が次のように記している。

「昭和三三（一九五八）年のナベ底不況のあと、三四、三五、三六年には熱狂的なブームがきた。神武以来どころではないというので岩戸景気ということになった」。[18]

国民食への道を歩み始める

チキンラーメンの生産は、爆発した需要に追いつかなかった。倉庫跡の小さな工場では一日六〇〇〇食、二〇〇〇ケースを生産するのがやっとだった。田川工場のボイラーに火が入るのは毎日午前三時。深夜一一時過ぎまで作業が続いたというからフル稼働である。最終工程の包装室の出口には、問屋の人たちが並んで、製品が出てくるのを待っていた。

戦後の食糧難の時代に、家庭で食べられるラーメンの開発を勧めてくれた厚生省栄養課長の有本邦太郎は、当時、国立栄養研究所の所長になっていた。安藤はふと思い立って有本を訪ねた。チキンラーメンの栄養分析を依頼するためだった。

実はその頃、チキンラーメンの着味には地鶏を丸ごと圧力釜で煮詰めてとった濃厚なスープを使っていた。そのためチキンラーメンを食べると精がつくという評判がたった。ご婦人からは肌につやが出てきたといった内容の手紙がきた。これは何かあるぞとひらめいて、安藤は分析を依頼したのである。

すると、トサカや肋骨のガラから、コラーゲンをはじめ、様々な栄養成分が抽出されていることがわかった。まだ日本人の栄養状態が完全ではなかった時代である。厚生省はチキンラーメンを「妊産婦の健康食品」として推奨した。関西一円の保健所に商品が展示された。有本の分析結果によって、思いもよらない付加価値がついた。翌一九六〇（昭和三五）年にはビタミンB_1、B_2を添加した商品が厚生省から「特殊栄養食品」の認可を受けた。[19]

アメリカの歴史学者ジョージ・ソルトは著書『ラーメンの語られざる歴史』で、次のように述べている。

「安藤が言うように『魔法のラーメン』の新しさは即席性にあったが、日清の最初のマーケティング戦略では便利さよりも栄養が強調されていた。最初のパッケージには、大きく『体力をつくる、最高の栄養と美味を誇る完全食』と書いてあった。この宣伝文句の魅力については、日本の高度成長時代という歴史的な文脈で考えなければならない。栄養学者が日本人と比較したアメリカ人の肉体的、精神的強さを引き合いにだしながら、小麦粉（麺）と肉（チキンエッセンス）の組合せの良質さを宣伝していた時期だったのだ[20]」。

同じ頃、田川工場に三菱商事大阪支社穀肥部長の佐南正司が訪ねてくるようになった。三菱商事に販売させてほしいというのだ。商社に販売を委託すれば、それに対応する生産体制が必要になる。日本一の総合商社と組んでやっていけるのかと安藤は迷った。

佐南は毎日午後三時になるとやってきて、できあがったばかりのチキンラーメンをおいしそうに食べて帰った。佐南は「これは将来国民食になるかもしれないぞ」と考えていた。「安藤さん、私どもに売らせていただいたら、集金の手間が省けるし、与信管理も万全になりますよ」と説得した。「商社のお世話になろう」と安藤は腹を決めた。決めれば行動の早い安藤である。すぐに大阪府高槻市に一万五〇〇〇平方メートルもの土地を購入した。商社の販売体制に合わせた本格工場の建設に取りかかったのである。

ところが、肝心の三菱商事の役員会で「三菱ともあろうものが、なぜラーメンまでやる必要があるのか」という反対意見が出た。決定は難航した。当時の穀肥部では、穀物や肥料などの大きな取り引きが中心で、加工食品は取り扱っていなかったのである。佐南は社内調整に相当な苦労をしたらしい。「ラーメンを売るだけではなくて、三菱商事が輸入している小麦粉の販売ルートも開けます」と主張した。原料の小麦粉を三菱商事から仕入れることと引き換えに、契約は成立した。最後はのちに社長になった藤野忠次郎の決断となった。取引条件は安藤の方針通り、支払いは三カ月の手形、三菱からの受け取りは現金決済というものだった。「あんな無茶な条件で、よくぞ承諾していただいたものだ」と安藤は当時を振り返る。さっそくパッケージに「発売元・三菱商事」と印刷した。総合商社の知名度が会社と商品の信用につながった。

続いて伊藤忠商事とも同じ契約を結んだ。伊藤忠商事元社長の戸崎誠喜は当時穀肥部の担当として安藤と出会った。伊藤忠商事でもチキンラーメンはまだまだ未知の商品であるとして、社内では取り扱いに逡巡する空気が強かった。しかし戸崎は安藤の夢に賛同し、情熱的に社内を説得した。その効あって取り引きが始まった。この両社に東京食品（のちの東食、現カーギルジャパン）が加わり、三社を特約代理店と呼んだ。その下に特約卸店が全国約三〇〇〇社に達した。こうして日清食品の販売を支える強力な流通組織ができあがっていったのである。

当時、マスコミは総合商社の事業分野の広さを表現するのに「ラーメンからミサイルまで」というキャッチフレーズを使った。[21]

生活スタイルの変化という追い風

一九五九（昭和三四）年の春、大阪府高槻市に新しい本社工場の建設が進んでいた。一万五〇〇〇平方メートルの土地を購入した後、さらに買い足して、合計二万四〇〇〇平方メートルになった。敷地には電車の窓からよく見えるように「魔法のラーメン、チキンラーメンの日清食品工場予定地」と大書した看板を立てた。

ここで安藤百福らしいエピソードがある。『安藤百福伝』は次のように記述する。

「安藤は新工場の量産化プラントを設計するのに、技術者達と意見が対立し、よくぶつかった。たとえば、製めん機の幅を四五センチにすることに技術者は反対した。それまではすべて最大幅三三センチで、それ以上広げるとめんが均一に伸びないと言う。そんなことはないだろうと、製めん機にかがみ込み、切り歯に右手を差し出した。その瞬間、薬指が第一関節のあたりで切れてしまった。指は皮一枚でつながっているような状態だった。医者は『縫い合わせても引っ付かないだろう。化膿でもすれば大変なことになる。切断しましょう』と言うのを、『かまわない。私の指だから私が責任を持つ。くっつけてくれ』と頼んだ。指は少し関節のところで曲がってしまったが、ちゃんとつながって、のちに始めたゴルフにも支障はなかった。

それ以来、安藤はたとえ医師や弁護士であっても、専門家の言うことを鵜呑みにはしない。『素人の発想が正しいこともある。素人だからこそ常識を超えた発想ができる』と言う。指を切る原因になった製めん機も、結局安藤のアイデア通りの四五センチ幅で実現した」[22]。

先にも語録から引用したが（二六ページ）安藤の「素人だからこそ常識を超えた発想ができる」という言葉が印象的である。「安藤百福伝」に従えば、この体験から生まれた言葉のようであるが、その人生を辿ると、むしろここで気づいたというより、安藤百福の持って生まれた資質であるだろう。

さて、翌年二月に完成した第一工場では日産一〇万食が可能だった。それでもチキンラーメンは需要に追いつかなかった。工場には問屋の人たちが四万円、五万円といった現金を懐に入れ、製品ができるのを待っていた。商品を待つ問屋のトラックは高槻本社工場を一周し、さらに国道まで延びた。安藤は「門前市をなすとはこういうものか」と嬉しい悲鳴をあげた。なにしろ現金売りである。日銭がどんどん入ってくる。高槻工場用地の購入代金が、わずか一カ月の売り上げで賄えた(23)。

当時の時代背景について「安藤百福伝」が極めて的確な記述をしているので、少し長くなるが、紹介しよう。

「当時を振り返ると、時代が安藤に味方していたことが分かる。大量生産、大量宣伝、大量販売を可能にする条件が整いつつあった。チキンラーメンを発売した一九五八（昭和三三）年一二月には、神戸・三宮に中内㓛が『主婦の店ダイエー』の前身となるチェーン店をオープンし、新しい欧米型流通システムの先駆けとなった。即席めんなどの加工食品を大量販売するルートが開けたのである。当時、ダイエーが客寄せの目玉に使った商品はチキンラーメンと卵だった。

高槻本社工場全景

高槻本社工場内の研究所にて

また、新しいメディアとして、テレビが登場した。一九五三（昭和二八）年二月にNHKが、八月に日本テレビが開局した。街頭テレビにたくさんの人々が群がった。画面を食い入るように見つめる人々の姿を見て、安藤は近い将来、必ずテレビ・ブームが来ると予感した。いち早くテレビ・コマーシャルという新しい宣伝方法を採用し、月額二〇〇〇万円という宣伝費を投入した。また『イガグリくん』『ビーバーちゃん』『日清オリンピックショウ・地上最大のクイズ』『ヤングOH！OH！』など、明るく健康的な人気番組を一社提供した。日清食品の社名とチキンラーメンの名は、テレビ電波に乗ってあっという間に全国に知られるようになった。

時代は高度経済成長に入ったばかりだった。池田勇人首相が所得倍増論を打ち出した。女性の社会進出も増えた。岩戸景気と呼ばれ、人々は生活を謳歌するのに忙しく、食生活にも変化が生じた。簡便性を求めるようになったのである。チキンラーメンの発売から二年後、森永製菓がインスタントコーヒーを発売し、『インスタント』が流行語になった。時代の波がことごとく安藤に追い風となって吹いているようだった。

日清食品の売り上げは順調に伸びて、創業五年目で四三億円に達した。経営の基盤は固まったと考え、一九六三（昭和三八）年の一〇月、東京、大阪両証券取引所の第二部に上場した。池田市の研究小屋で悪戦苦闘した日々を思い返して、胸がいっぱいになった[24]。

ジョージ・ソルトは著書『ラーメンの語られざる歴史』で、次のように述べている。

「一九五八年に日本の科学的進歩を示す新商品として発表されたインスタントラーメンは、日清

初期のチキンラーメンのコマーシャル

食品創業者であり、最初のインスタントラーメンとカップラーメンを考案したことで有名な安藤百福（一九一〇～二〇〇七年）によると、『時代の申し子』だった。（中略）彼がインスタントラーメンの販売に成功したのは、アメリカと日本が一緒になって日本人の食習慣を変えたことで生まれたチャンスがあったからだ[25]」。

業界の混乱を収拾へ

一九六〇（昭和三五）年が明けた頃、頭の痛い問題が持ち上がった。チキンラーメンを名乗る類似品が出回り始めたのである。今日では考えられないことだが、商品名だけでなくデザインまでそっくりで、しかも味も品質も劣る粗悪品が多かった。チキンラーメンのデザインは、友人だった画家の竹内仙之助に描いてもらった。一五本のセピア色の線を引き、袋の真ん中に卵型の透明部をつくった。これは消費者に新しい商品の中身を理解してもらうように工夫したアイデアだった。

一番悪質な類似品は「チキンラーメン」と横書きし、真ん中の透明部分の形を少し変えて、セピア色の縞模様が斜めになっているものだった。チキンラーメンの商標は前年一九五九（昭和三四）年の一二月に商標登録の出願をしていたが、まだ確定していない時期だった。大阪地方裁判所に不正競争防止法違反で訴えた。判決は一九六〇年の三月に出て、チキンラーメンは日清食品の著名商標として認められ、デザイン差し止めの仮処分が決定した。

チキンラーメンの商標を使っている会社はほかにも一三社あった。同じように不正競争防止法違反で訴えた。これに対して一三社は「全国チキンラーメン協会」を組織し、結束して異議を申し立ててきた。相手は「チキンライスと同様、チキンラーメンも普通名詞にすぎない」と言うのだ。

安藤百福にしてみれば、これまでの企業努力に便乗されてはたまらない。また品質の悪い商品が出回って、チキンラーメンの信用に傷がついては元も子もない。しかし幸い、一九六一（昭和三六）年九月、チキンラーメンの商標登録が確定した。全国チキンラーメン協会から出されていた異議申し立てはしりぞけられた。晴れて、チキンラーメンの商品名が安藤のもとに戻ってきたのである。(26) しかし、今度は製法特許争いが始まった。製造工程が微妙に違う類似特許案件がいくつも出願され、各社の思惑が入り乱れて混沌とした状況になった。この特許紛争は一九六一年一

続々と後発メーカーが参入

「日本ラーメン工業協会」での挨拶

月に始まり、一九六四（昭和三九）年六月まで、延べ三年間にわたって続いた。

日清食品が特許庁に出願していた「即席ラーメンの製造法」と、別の会社が出願公告中のものを日清食品が買い取った「味付乾麺の製法」の二つが一九六二（昭和三七）年に同時に確定した。これで他メーカーは日清食品と同じ製法で味付け即席ラーメンをつくることができなくなったのであった。

しかし安藤は特許を独占するつもりはなかった。要望があって契約条件さえ折り合えばいつでも使用を許諾するつもりだった。実際に、日清食品の使用許諾を得て、チキンラーメンと同じ製法で即席めんを製造したメーカーは六一社に及んだ。

これで一件落着かと思われたが、その後、異なる製法特許を主張するメーカーが現れた。全国に即席ラーメンの協会が乱立した。異議申し立てや仮処分の申請などを繰り返し、業界の混乱はいつ果てるともなく続いた。

見かねた食糧庁長官から「すみやかに業界の協調体制を確立するように」との勧告があったほどである。マスコミは「ラーメン業界を一つにするのは、派閥争いでいがみ合う自民党をまとめるより難しい」と揶揄した。安藤は「小異を捨てて大同につく」気持ちで、業界のとりまとめに奔走した。努力の甲斐あって一九六四年九月一七日、会員六四社が参加して「社団法人日本ラーメン工業協会」（現一般社団法人日本即席食品工業協会）が設立された。そして安藤が初代理事長に選任され、会員各社はお互いの特許を尊重し、消費者保護のために協調して商品の品質を高めることを約束した。
今でこそ、特許や商標や意匠などの知的所有権は企業の大切な財産として守られるようになったが、当時は「物まねをしてなにが悪い」という雰囲気もあった時代である。「特許を盾に権利を主張するやり方はあくどい」と逆に安藤を批判する新聞記事まで現れたほどである。[27]
振り返ってみると、インスタントラーメン関連の日本の競合各社は、特許や意匠などの知的財産をめぐる取り組みで、日本では前例が少ない問題に遭遇していたのかもしれない。「前例が少ない」というのは、①発明企業が同じ日本企業（日清食品）であり、②その日清が軸のぶれないプロパテント（特許重視）の立場から、権利侵害の摘発をも辞せず、③しかし技術を独り占めせず、多数企業への使用許諾を通じて競争を刺激し、産業発展に結びつけてきたからであり、類似の例が少ないように思われるのである。この点との関連で、安藤語録の一つとして伝えられる、

会社は野中の一本杉であるよりも、森として発展した方がよい。[28]

は、けだし名言であり、また正論でもあろう。

（1）安藤百福発明記念館編［二〇一三］、『転んでもただでは起きるな！――定本・安藤百福』（中公文庫）四八ページ。

(2)同前四八〜五〇ページ。
(3)同前五〇〜五一ページ。
(4)同前五一ページ。
(5)安藤宏基［二〇一〇］、『カップヌードルをぶっつぶせ！――創業者を激怒させた二代目社長のマーケティング流儀』（中公文庫）二四ページ。
(6)同前二五ページ。
(7)同前二五〜二六ページ。
(8)前掲『転んでもただでは起きるな！――定本・安藤百福』五二ページ。
(9)同前五二〜五三ページ。
(10)同前五三〜五四ページ。
(11)同前五五〜五六ページ。
(12)同前五六〜五八ページ。
(13)同前五九〜六〇ページ。
(14)同前六一ページ。
(15)松下幸之助［一九八六］、『私の行き方 考え方』（PHP文庫）一一四〜一三二ページ。なお本書の初版は一九六二年に実業之日本社より発刊された。
(16)前掲『転んでもただでは起きるな！――定本・安藤百福』六一〜六二ページ。
(17)同前六二ページ。
(18)中村隆英［二〇〇七］、『昭和経済史』（岩波現代文庫）二六八ページ。
(19)前掲『転んでもただでは起きるな！――定本・安藤百福』六二〜六四ページ。
(20)ジョージ・ソルト著、野下祥子訳［二〇一五］、『ラーメンの語られざる歴史』（国書刊行会）一三〇ページ。
(21) 前掲『転んでもただでは起きるな!――定本・安藤百福』六四~六五ページ。
(22) 同前六六~六七ページ。
(23) 同前六七~六八ページ。
(24) 同前六八~七〇ページ。
(25) 前掲『ラーメンの語られざる歴史』一二三ページ。
(26) 前掲『転んでもただでは起きるな!――定本・安藤百福』七一~七二ページ。
(27) 同前七三~七四ページ。
(28) 同前一五三ページ。

Ⅳ　カップヌードルの開発——独創の頂点へ

米国でカップヌードルのヒントを得る

一九六六（昭和四一）年、安藤百福は初めての欧米視察旅行に出かけた。世界へ即席めんを広げるためのヒントを見つけたかったのである。

この旅行で、安藤はカップヌードルの開発につながる重要な発想を手に入れた。ロサンゼルスのスーパー、ホリデーマジック社にチキンラーメンを持っていった時のことである。何人かのバイヤーに試食を頼んだら、彼らは首をかしげて困っている。めんを入れるどんぶりがないのである。そこで持ち出したのが紙コップだった。チキンラーメンを二つに割って紙コップに入れ、お湯を注いでフォークで食べ始めた。食べ終わったコップは、ぽいとごみ箱に捨てた。

安藤はそれを見てショックを受けた。その時初めて、欧米人は箸とどんぶりでは食事をしないという当たり前のことに気がついたのである。それまで「おいしさに国境はない」と考えていたが、越えるべき食習慣の壁が存在していたのである。[1]
海外視察の旅でつかんだ大きなヒントがそれだった。
即席めんを世界商品にするために、めんをカップに入れてフォークで食べられるようにしよう。安藤百福はそうひらめくと、カップヌードルの開発に取りかかった。
一九七〇（昭和四五）年頃、日本の即席めん市場は年間の総需要が三六億食でピークに達し、頭打ちになっていた。国内でも新しい需要をつくり出す新製品が必要になった。安藤はこのカップ入りのインスタントラーメンを国内市場でも起死回生の商品にするつもりだった。[2]
このカップヌードルの開発も、独創的発明家の安藤百福を分析する上で欠かせない事例である。詳細な分析は第二部で行うが、まずここでは概要を簡潔に紹介しておきたい。
カップヌードルの開発は容器をつくることから始まった。陶磁器、ガラス、紙、プラスチック、金属などの容器を手当たり次第に収集したという。その結果、日本ではまだ目新しい素材だった発泡スチロール（ポリスチレン）に目をつけた。軽くて断熱性が高く、経済性にも優れていたためである。ところが当時、発泡スチロールを使ったものといえば魚のトロ箱ぐらいで、その厚みは二センチメートルもあった。もっと薄く、通気性の少ないものにする必要があった。のちに容器の厚さは二・一ミリメートルまで薄くすることに成功したが、言うまでもなくそこへ行き着くまでに大変な苦労を伴った。

カップの形状を「片手で持てる大きさ」に決めて、いざつくろうとしたところ、日本には一体成型ができるメーカーがなかった。仕方なく製缶メーカーに頼んで、側面と底を張り合わせるという方法を採用したが、納入されたカップはお湯を入れると案の定、底が抜けた。やむなく米国のダート社の技術を導入するため、合弁で「日清ダート」(現日清化成)を設立した。みずから容器製造に乗り出すことにしたのである。努力の甲斐あって、ようやくカップが完成した。この容器は画期的な技術革新となり、日本だけでなく世界の食品容器に採用されて技術水準の向上に貢献するというおまけもあった。

さて、カップヌードル開発で最大の難関は、厚さが六センチメートルにもなるめんの固まりを均一に揚げる方法であった。厚みがあるから、表面が揚がっても中は生のままだったり、中まで揚げると今度は表面が焦げてしまったりした。

試行錯誤の末、めんをほぐした状態で油の中に入れると、油熱の通ったためんから順番に浮き上がってくることにヒントを得た。円錐形をした鉄の型枠(パッド)にばらばらのめんを入れ、ふたをして油の中に沈める。すると、次々と浮き上がってきためんが型枠のふたに突き当たって形を整えられ、カップと同じ形状に、しかも均一に焼き揚がったのである。

しかも、めんは上が密、下が疎の状態になった。湯を注ぐとお湯は一気に下まで通り、疎の状態にある下のめんからやわらかく戻していくことになる。ふたに押しつけられた部分が平らになったため、具材を載せる台座の役目を果たしてくれた。予期しない効果が、次から次へと表れたのである。この一連の作業は「容器付きスナック麺の製造法」として特許登録されることになった。

さらに安藤百福は、何度めかの米国出張の帰り、飛行機の中で思いがけないヒントを手に入れた。客室乗務員がくれた直径四・五センチメートル、厚さ二センチメートルほどのマカデミアナッツである。ナッツが入ったアルミ容器には、紙とアルミ箔を張り合わせた「上ぶた」が密着していた。「これは使える」とひらめいた安藤は、客室乗務員に頼んでもう一つもらうと、ポケットにしまい込んだ。その時、安藤は長期保存の方法に頭を悩ませていて、通気性のない素材はないかと探していたのである。カップヌードルのアルミキャップはこうして決まった。機内でもらったマカデミアナッツの容器は、今は大阪府池田市の「カップヌードルミュージアム 大阪池田」に展示されている。[3]

めんを「宙づり」にする独創

カップヌードルの開発には、さらに大きな難関が控えていた。上が広く、底のほうが狭い容器にめんを収めるのが大変難しいのである。めんを容器より小さくするとストンと中に落ちる。しかし、これでは輸送中にめんが壊れてしまう。

そこで出合ったのが「宙づり」のアイデアだった。めんの直径を容器の底部より大きくして、容器の中間に固定する方法である。ところが、めんの平らな部分を水平にするのが難しい。いびつになったり、ひっくり返ったりして、上に載せた具材もばらばらになって底に落ちてしまう。安藤は悩みに悩んだ。

ある晩、布団に横たわって考えていると、突然天井がぐるっと回ったという。天と地がひっくり返ったような感覚だった。その時にひらめいた。容器にめんを入れようとするからだめなのだ。めんを伏せておき、上から容器をかぶせればいい。

逆転の発想である。やってみると、めんは容器の中間にしっかりと固定され、びくとも動かなくなった。これがのちに、カップめんにおける「中間保持」（一六五ページ写真参照）の技術として実用新案登録されたものである。[4]

ちなみに安藤は昔から、眠っている時に思いついたアイデアを書き留める習慣があった。いつも枕元に赤鉛筆とメモ用紙を置いていた。[5]

この「中間保持」のアイデアは、しかも、素晴らしい副次的な効果をいくつも持っていた。例えば、めんが中間に固定されているため、かすがいの役割を果たしカップの強度を高めた。輸送中、少々乱暴に扱われても、めんが壊れない。めんの上の空間に具材を盛ることができるので、ふたを開けた瞬間に色とりどりの具材が目に入って、その光景は食欲をそそった。

エビ、豚肉、卵など具材の乾燥にはフリーズドライの製法を採用した。お湯を加えた時の戻りがよく、食感、うまみ、色や形が損なわれない乾燥法である。ただし当時、日本の冷凍乾燥の技術水準は低く、供給量も少なかった。安藤は容器を開発した時と同様「日清エフ・ディ食品」を設立し、冷凍乾燥技術の内製化を図った。他社ができないなら自分でやる。昔からの安藤百福のやり方である。[6]

開発を進めるうちに、ひょっとしたら今までにない画期的な商品ができあがるかもしれないぞ、とかすかな興奮を覚えたという。カップは即席めんの包装材料である。ところが、お湯を注いで蒸らす時は調理器具となる。フォークで食べる時、それは食器になる。一つで三役をこなすような容器が、かつて市場に出たことがあっただろうか。

「新しい食品には新しい名前がほしい」

そう考えた安藤は、アメリカの広告代理店にネーミングを依頼した。アメリカにはラーメンという言葉はなかった。「世界中で通用する名前ならカップヌードルがいいのでは」と提案され、決断した。仕上げのデザインは大阪万博のシンボルマークをつくった大高猛に依頼し、ついに世界初のカップ入り即席めん、カップヌードルが完成した。当時、一食が一〇〇円である。[7]

以上がカップヌードルの開発過程である。その分析は第二部で試みよう。

驚くべきことに、安藤はすでに六一歳を迎えていた。普通の人なら定年生活に入ってもおかしくない年齢だが、安藤はこの画期的な新製品の開発に夢中だった。

一九七一（昭和四六）年五月、東京の経団連会館で発表会を開いた。試食した人はその場では皆おいしいと言う。だが、あとの表情がさえない。意外にも反応はよくなかったのである。

マスコミは「屋外のレジャーに便利な際物商品」という評価だった。問屋は「袋めんが二五円で安売りされている時代に一〇〇円は高い」と言う。揚げ句は「日本には昔から家族で食卓を囲み、いただきます、ごちそうさまと言う行儀のいい習慣があるのに、立ったまま食べるとは良風美俗に反する」という意見まで飛び出した。結局、商品を後押ししてくれる問屋はなく、注文もこなかった。正規の販売ルートを閉ざされて、仕方なく新しい流通経路を開拓せざるをえなくなった。(8)

この時も「玄人」の評価は低かったということに、目を引かれる。しかし、問題は消費者である。消費者は、この画期的な新商品をどう評価したであろうか。

若者は敏感に反応した

一九七一(昭和四六)年九月、自信を持って発売したカップヌードルだったが、スーパーや小売店には並ばなかった。仕方なく、安藤は若手の営業社員にチームを組ませ、食品ルート以外への販売を指示した。販売地域は東京都内に絞った。

彼らは車に商品とお湯の入ったポットを積んで、百貨店、遊園地、鉄道弘済会(現KIOSK)、官公庁、警察、消防署、自衛隊、マージャン店、パチンコ店、旅館など様々なところを回った。「そんな特殊ルートしか当てにできないようでは、この商品は危ないぞ」という声が社内に高まったという。しかし安藤は「いい商品は必ず世の中が気がつく、それまでの辛抱だ」と社員を励ました。

安藤は、米国に出張の際、コーラを片手に持って、立ったままフライドチキンやハンバーガーを食べる人の姿を見ていた。日本でもいずれそんな自由な食べ方がはやり出す。日本人はめんが好きだから、その時は必ずカップヌードルのような商品が日本のファストフードになるだろうと考えていた。

その年の一一月、銀座三越前の歩行者天国で試食販売をした。安藤は東京に出かけて販売に立ち会った。長髪、ジーンズ、ミニスカート姿の若者たちは、最初は戸惑っていたが、一人、二人と食べ出すと、たちまち人だかりになった。

彼らは平気で立ったまま食べた。発表会の席で、良風美俗に反するから売れないと言われたことを思い出した。食は時代とともに変わる。目の前の若者たちを見ながらそう思った。その日だけで二万食が売れたという。消費者、特に若者は敏感にこの画期的新商品に反応したのである。

同じ年の七月、銀座三越の一階に、米国から上陸したマクドナルドが一号店をオープンしている。期せずして、カップヌードルとハンバーガーという東西のファストフード文化がここで出合い、ともにスタートした瞬間だった[9]。

ところで、若者が敏感に反応したカップヌードルだが、そのデザインについて、安藤宏基とアートディレクターの佐藤可士和が興味深い対談をしているので、紹介してみたい（ちなみに佐藤可士和は「カップヌードルミュージアム 横浜」の総合プロデューサーである）。

佐藤　ぼくは、カップヌードルは、「コカ・コーラ、マクドナルド、カップヌードル」、そういう世界の三大ブランドになるような商品だと思うんです。（中略）ぼくなんかいろいろなデザインをやっている人間から見ると、このパッケージを四十年以上もこのままキープして売り続けているのは驚異的なことじゃないですか（笑）。

安藤　ラーメンのパッケージには、普通は出来上がりのシズル写真を入れるんです。おいしそうなね。だけど、創業者は（カップヌードルのパッケージには―引用者注）いらんと言うんです。これでいいというわけです。色は白と赤しかない。その容積比率は日本の国旗のポーション（配分）にせよと。これはデザインした大高猛先生のアイデアらしいんですが、日の丸の白と赤のバランスが日本人にとっては一番心地よい比率だというんです。そこまで考えている。上の天面の部分もこれでいいと。成分表示の入った赤い枠がありますが、もともと日清食品のマークに似せて半円形にしたかったのが、こんな欠けたような形になっています。もうちょっと丸くしたらと言ったのだけれども、これが印象的だというんです。欠けているのが印象的とは、私の父親ながら、つくづく変わったおっさんだと（笑）。（中略）

たぶん最初のカップめんで、ファーストエントリーだったからシズルを入れないこんなシンプルなデザインになったのだと思う。二番手、三番手だったら、たぶん……。

佐藤　シズルを入れたでしょうね。絶対、そうだと思います。

安藤　まあすごい日本人的で、特徴的ですよ。こんなシンプルなデザインはほかにないんじゃないですか。

佐藤 ないですね。そこでコーラとマックとカップヌードルと言えるような共通したシンプリシティー（単純さ）が成立していると思うんです。普通は売れなくなってくると不安になって、すぐにいろいろ付け足していってデザインを変更する。そうするともう崩れていってしまうんですよ。（中略）コピーが入ったり、写真が入ったり、どんどん広告化していく。そうするとなかなか長持ちしない。[10]

ちなみに「シズル」とは、原義は油で揚げたり熱した鉄板に水を落とした時に、じゅうじゅう音を立てるさまの意だが、それが広告用語に転化し、消費者の五感に訴えて食欲や購買意欲を刺激するような手法のことである。

当時、日本社会には根本から変化が起きつつあった。中村隆英は『昭和経済史』でこのように表現する。

「高校・大学への進学率の上昇、食生活の洋風化、インスタント化など、変化の例は切りがありません。このような現象を大衆消費社会と呼んだのはロストウですが、高度成長期の末期にはいって、日本でもまさにその状況が成熟したといっていい[11]」。

浅間山荘事件をきっかけに火がつく

話を戻そう。カップヌードルは銀座では成功したが、しかし、相変わらずスーパーの店頭には並ばなかった。そこで安藤は給湯機能がついた専用の自動販売機をつくることにした。当時、お湯の出る自販機はどこにもなく、専門メーカーと共同で開発した。この自販機は給湯販売なので食品衛生法上は飲食店の営業にあたる。東京都衛生局、都議会に新しい条例をつくってもらうなど、思わぬ苦労をしたという。

自動販売機の第一号は、東京・大手町の日本経済新聞東京本社の食堂わきに置かれた。設置数は一年後になんと二万台になり、当時としてはコカ・コーラに次いで多かったという。(12) 二万台といえば、今日のセブン-イレブンの日本国内総店舗数に匹敵する数である。その後、自販機を置いた小売店を通じて、カップヌードルはよく売れるという情報が問屋に流れ始め、徐々に引き合いがくるようになっていた。そこに一気に需要を爆発させるきっかけになる事件が起きた。

一九七二（昭和四七）年二月、連合赤軍による浅間山荘事件である。安藤はテレビの現場中継を見ながら、あっと息をのんだのを覚えているという。雪の中で山荘を包囲する機動隊員が、湯気の上がるカップヌードルを食べていたのだ。しかも、それが繰り返し画面に大写しにされた。機動隊員には近所の農家からおにぎりの炊き出しがあったが、氷点下の寒さであるため、カチカチに凍ってしまった。温かいカップヌードルは空腹と寒さに震える隊員たちにとって、何よりのご馳走となったのである。当時、カップヌードルが納入されていたのは警視庁の機動隊だけだっため、他の県警や報道陣から、すぐ送ってほしいという電話が本社にかかってきた。

社内は思いがけない出来事に大騒ぎになった。二月二八日のＮＨＫは連続一〇時間二〇分にわたって現場中継し、犯人逮捕を挟む午後六時から七時の視聴率は六六・五パーセントに達した。民放を含めた総視聴率は八〇パーセントを超えた。日本人一〇人に八人がテレビの前にくぎづけになった事件である。

その日からカップヌードルは火がついたように売れ出した。[13]

日本生まれの世界食へ

カップヌードルはチキンラーメン以来の大ブームを巻き起こした。

チキンラーメンを発売した時、安藤は特許の知識が乏しかったために、数々の係争に巻き込まれた苦い経験がある。その反省から、今回は発売前に早々と特許出願を終えていた。「容器付きスナック麺の製造法」と「めんの中間保持」の技術を中心にした実用新案の二つである。

しかし、どんなに法的に周辺を固めていても、新しい市場には必ず新規の参入者が出てくる。今回もすぐに類似のカップ入り即席めんを売る会社が現れた。そのつど、不正競争防止法違反で訴え、製造販売中止を求める仮処分を申請した。時間はかかったが安藤の出願した製造法特許と実用新案が登録された。これで決着と思っていたところ、無効審判を請求する会社がいくつか出てきて、再び泥沼化の様相を見せた。しかし、最終的には各社とも日清食品の権利を認め、訴訟を取り下げた。

ここで興味深いのは、この特許及び実用新案は独占することなく広く業界に公開されたのである。カップめんを製造したいという二七社に使用許諾された。カップめん市場は多くのメーカーが競って開発販売に取り組んだ結果、年間の総需要が三〇億食を超え、袋入りめんの二〇億食をしのぐ飛躍的な成長を遂げることになる。

安藤は「工業化できない特許には一文の価値もない」と考えている。「異議申し立ての多いほど、その特許には実力がある。異議をしりぞけて成立した特許はもっと強力である」と語る。安藤百福は知的所有権を独占せずに公開して、カップめんを世界的な産業にまで発展させたのである。

特許庁で行われた新春座談会に出席した際、当時の荒井寿光長官は「世の中に発明と呼ばれるものは無数にある。特許を出願する人もたくさんいる。しかし、それを企業化できる人は稀である。ましてその知的所有権を独占せずに公開して、世界的な産業にまで発展させた人は安藤さんをおいてほかにない」と評した。(14)

一九七二(昭和四七)年八月、日清食品は東京、大阪、名古屋の各証券取引所の第一部上場を果たした。翌年、カップヌードルは米国でも発売され、日本生まれの世界食として広がる端緒となった。

思いがけない失敗を教訓に

チキンラーメンとカップヌードルは、「玄人」の問屋からは最初不評を買い、しかし消費者からは圧倒的支持を得たことはすでに述べた。その反対の、思いがけない失敗が、この頃に起きる。一九七四（昭和四九）年七月、米のインスタント食品である「カップライス」の発売を発表した。しかし、これが思わぬしくじりを生む結果となってしまった。三善信二食糧庁長官（当時）から「（当時は余剰米が増える一方だったため―引用者注）米の加工食品で、お湯をかけたらすぐ食べられるようなものは開発できないか」と相談を持ちかけられた安藤は、チキンラーメンとカップヌードルで培った技術で、米の問題を解決できるなら、これに越したことはない。国家的な貢献にもつながるだろうと、奮い立つような気持ちで、インスタント米飯の開発に取り組むことにした。

東京・赤坂の料亭「新長谷川」で、カップライスの試食会を開いた時のことである。福田赳夫、田中龍夫、歴代の農林大臣、それに経団連会長の土光敏夫らが集まった。米は日本農政の要であり、安藤の仕事にはまるで国家的プロジェクトのように多くの人の期待が集まった。熱湯をかけるだけでできる「エビピラフ」「ドライカレー」「チキンライス」など七種類の商品を試食した人々は、異口同音に「素晴らしい」と褒めたたえた。

食糧庁の大広間でも、長官以下幹部職員を集めて試食会が開かれた。この時も絶賛された。農林省食品総合研究所の評価は「歯触り、味ともに優れ、即席ライスとしてこれ以上望むことは難しい」というものだった。新聞にも「奇跡の食品」「米作農業の救世主」といった見出しが躍った。

安藤自身も、長い経営者人生の中で、これほど褒めそやされたことはなかったと振り返っている。インスタントラーメンの世界では、相変わらずカップめんに関する特許紛争が続いている時期だったし、心の片隅で「ラーメンはほかの者にまかせて、米飯の市場に全力を傾けてもいい」という誘惑に駆られていたという。

安藤は、さっそく滋賀工場にカップライスのための新鋭設備を四ライン建設した。当時の日清食品の資本金の約二倍、ほぼ年間利益に相当する三〇億円を投じた。事前のマスコミ報道もあったせいで、「玄人」である流通筋のうけは極めてよかったのである。こうして一九七五（昭和五〇）年一〇月、カップライスが世に出た(15)。

前途洋々の船出のはずだった。そして発売直後は爆発的に売れたのである。しかし一カ月後のある日、営業担当者が「追加注文がありません」と連絡してきた。そんなはずはないと、安藤はスーパーの店頭を見て回った。陳列コーナーには一個二〇〇円のカップライスが山のように積まれていた。カップヌードルのスタートの時とは大違いの厚遇である。しかし、見ていると、一度は買い物かごに入れた主婦が、しばらくすると戻しにくる。

「どうして返されたのですか」と聞いてみた。

「高すぎます。だってカップライス一個で袋入りラーメンが一〇個買えますから」と言う。

あるメーカーが隣の棚でラーメン五個一〇〇円の特売をしていたのである。さらに主婦はこうつけ加えた。

「よく考えると、ご飯は家でも炊けますからね」

安藤はカップライスの人気が実体のない砂上の楼閣であることに気づかされた。幾晩も眠れぬ夜を過ごした後、撤退を決意した。「三〇億円は捨てても仕方がない」という気持ちになったという。

社内では、時間をかけて消費者の需要を掘り起こそうという意見が大半を占めた。しかし、安藤の意志は固かった。「経営は進むより退くほうが難しい。撤退の時を逃したら、泥沼でもがくしかない」と、撤退を決断したのである。[16]決断を先延ばしせず、消費者の声に従ったのであった。

（1）安藤百福発明記念館編［二〇一三］、『転んでもただでは起きるな！——定本・安藤百福』（中公文庫）七七～七八ページ。
（2）同前八一～八二ページ。
（3）同前八二～八四ページ。
（4）同前八四～八五ページ。
（5）安藤宏基［二〇一〇］、『カップヌードルをぶっつぶせ！——創業者を激怒させた二代目社長のマーケティング流儀』（中公文庫）二六ページ。

（6）前掲『転んでもただでは起きるな！——定本・安藤百福』八五〜八六ページ。
（7）同前八六ページ。
（8）同前八七ページ。
（9）同前八八〜八九ページ。
（10）安藤宏基［二〇一四］、『勝つまでやめない！　勝利の方程式』（中央公論新社）一六八〜一八〇ページ。
（11）中村隆英［二〇〇七］、『昭和経済史』（岩波現代文庫）三〇一ページ。
（12）前掲『転んでもただでは起きるな！——定本・安藤百福』八九ページ。
（13）同前八九〜九一ページ。
（14）同前九一〜九二ページ。
（15）同前九三〜九五ページ。
（16）同前九五〜九七ページ。

V　会長就任、幅広い活動へ

食足世平

カップライスには失敗したが、幸いにして経営に与える影響は小さかった。安藤はもう余計なことに手を出さないで、本業のインスタントラーメンの仕事に専念しようと心に決めた。

一九八二（昭和五七）年一一月、勲二等瑞宝章を受章した。翌年、私財を投じて財団法人日清スポーツ振興財団（現公益財団法人安藤スポーツ・食文化振興財団）を設立した。多くの方から祝福を受けたお礼と即席めん開発二五周年を兼ねて、東京と大阪でパーティーを開いた。

「食足世平《しょくそくせへい》（食足りて世は平らか）」

二五周年を迎えるにあたって、自分の心情を言葉にしてみたいと思い、ひらめいたのがこの四文字だった。パーティーの席で披露した。

「食が足りてこそ人は心安らかになる。食が足りないと争いが絶えない。食の仕事は聖職であり、それに携わる人は平和の使者である。私は食を天職としてきたが、これからも聖職に奉ずる覚悟である」(1)。

国から与えられた勲二等瑞宝章の受章は、日清食品二五周年記念の年に花を添えることになった。「即席めんの開発によって新しい産業を創出した功績」による受章だった。安藤自身は、「チキンラーメンという一粒の種が世界中に広がっていったこと自体が大きな勲章だと思っていたのに、叙勲の栄に浴するとは望外の幸せ」と喜びを表現した(2)。

会長に就任

一九八五(昭和六〇)年、安藤百福は七五歳になった。経営陣の若返りを図るため、息子の宏基に社長の座を譲り、代表権のある会長職に専念することになった。安藤は「社内にも多くの人材が育っていて、世代交代を考える時期にきていた」と判断、「私はまだまだ元気だったし、経営に目が行き届く間に現場を譲りたかった」と当時を振り返る(3)。

宏基は三七歳だった。幼い頃、父百福の開発作業の現場にも立ち会った人物である。即席めん事業の経験は創業者を除いては社内で一番長かった。入社以来一貫して新製品開発とマーケティングの陣頭指揮をとってきた。

この後について、「安藤百福伝」の記述は、次のように続く。

「さて、仕事の上でも、気持ちの上でも一段落した安藤は、食の世界に身を投じて以来、ずっと気になっていた郷土料理を探訪する旅を始めた。日本人は何を食べてきたのかを調べたかったのである。仕事一途でろくに旅行をする機会もなかった安藤にとって、行く先々で味わう料理や土地の人々との出会いは新鮮で、教えられることが多かった」。

「(中略)日清食品大阪本社の会長室の裏には、調理場がある。取材した食材を持ち帰っては、そこで料理した。水戸の納豆を取材したときには、何とか世界に通用する食品にできないかと考え、独特のにおいとネバを取るために包丁で叩いて砕き、フライパンで揚げ、ピラフを作ったりした。会長に退いた後も、新製品にかける情熱は衰えることがなかった」。

25周年パーティーで「食足世平」を披露　1982年

「この食文化の探訪は、北海道から沖縄まで、四年間にわたって続けられた。日清食品の企業文化を伝える広告記事として、『食足世平』のタイトルで読売新聞に連載された」。

「(中略)日本列島を一回りした後は、いよいよラーメンのふるさとを訪ねたいという気持ちになった。安藤はめん類を

『食品加工の最高傑作』と思っている。一体いつ、誰が、どこで、ラーメンという不思議な食べ物を発明したのだろうか。そんな疑問にとらわれて中国に旅立った。

『麺ロード調査団』と命名し、延べ三六日間にわたって中国大陸を歩いた。その全行程に料理研究家の奥村彪生《あやお》が同行した。食べためんの数は三〇〇種類を超えた。（中略）その全容は『麺ロードを行く』（安藤百福編、講談社刊）と『文化麺類学ことはじめ』（石毛直道著、フーディアム・コミュニケーション刊）として集大成された」[4]。

これを読む限りでは、新社長へのバトンタッチはスムースに行われ、安藤百福は現場からあっさり身を引いたかのようである。しかし、実際は、そう簡単な話ではなかったようだ。それは当然であろう。創業社長というのは、異能の人である。新社長となった安藤宏基が『カップヌードルをぶっつぶせ！』という興味深い本を書いている。その第一章の見出しは「創業者は普通の人間ではない」である。この本から、いくつかの場面を紹介してみよう。

「カップヌードルをぶっつぶせ」

一九八五（昭和六十）年六月、私が日清食品の社長になったときの第一声である。

私は三十七歳。若くてやる気満々だった。（中略）

正式な社内スローガンは「打倒カップヌードル」だった。

清水港でマグロのカマを見定める　2002年　92歳

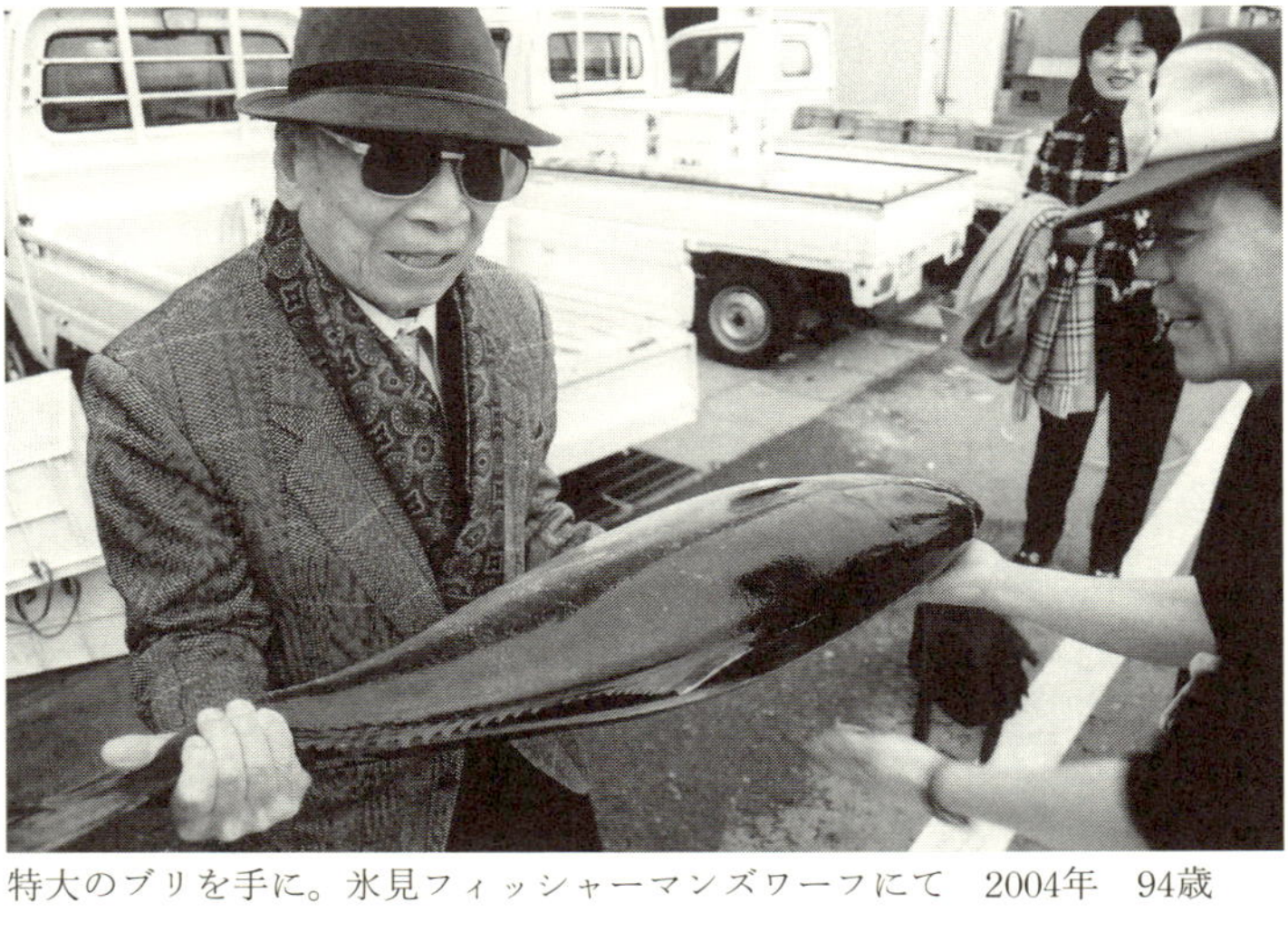

特大のブリを手に。氷見フィッシャーマンズワーフにて　2004年　94歳

ところが、社員を前に呼びかけるときに、勢いあまって「カップヌードルをぶっつぶせ」と叫んでしまった。

当然ながら、創業者（安藤百福─引用者注）は怒った。自分が発明してトップブランドに育てた商品を、よりによってぶっつぶせとは何ごとか。

「そんなことをさせるためにおまえを社長にしたんじゃない。親に対する遠慮というものがないのか」

毎日がけんかだった。[5]

私が社長になってから創業者が九十六歳で亡くなるまでの二十二年間というもの、飽きることなく口論を繰り返すことになったのである。よく社長の座を続けられたものだと、われながら感心するほどである。[6]

口論、議論は日常茶飯事である。親子だから遠慮がない。ついつい言葉も汚くなる。傍らで聞いている人がはらはらする場面も数限りなくあった。しかし、二人はともに最高経営責任者の代表取締役である。見解の不一致が社員の目に触れて、経営に支障をきたすようなことがあってはならない。そこはお互いにわきまえていて、最後はどちらかが折れた。

そんな微妙な二人の関係を知る人は少数の役員だけだったと思う。大方の取引先や親しい友

人たちには、私と創業者は大変仲が良く、お互いを引き立てながら、上手に会社の舵取りをしているように見えたらしい。(7)

大震災とインスタントラーメン

時代は平成に入って、今まで経験したことのない事件が、安藤の身辺で起こった。阪神・淡路大震災である。阪神・淡路大震災での安藤の行動は、その思想、哲学を反映し、また、安藤によって開発されたチキンラーメンやカップヌードルがどのような存在であるかを期せずして示唆しており興味深い。

「安藤百福伝」は次のように記述する。

「一九九五(平成七)年一月一七日、地震の日の朝、池田市の自宅から大阪市淀川区の本社に向かう車の中で、ラジオから刻々と流れるニュースに耳を傾けながら、『これは大変なことになるぞ』と思った。八時前に会社に着いたが、社員はほとんど来ていない。昼前にようやく五〇人余りが出社し、社員や取引先の安否、被災状況などを調べ始めた。

被災地では家屋の倒壊に続いて火災が起き、茫然と立ちつくす人々の姿がテレビに映し出された。安藤は反射的に『この後に必ず飢餓的状況がくるぞ』と思った。神戸市の災害対策本部に連絡すると、案の定、現地では水、食料、燃料が不足しており、すぐに食べられるものがほしいと言う。急遽、社員七人による救援隊を組織し、給湯器付きのキッチンカーとライトバンの計三台に即席めん約一万五〇〇〇食を積んで東灘区の避難所、市立神戸商業高校（現六甲アイランド高校）に向かわせた。安藤は本社玄関前に立ち、救援隊を励まし、手を上げて見送った。

道路は寸断され、大阪本社から被災地にたどりつくのに半日以上かかった。避難所に向かう途中で救援隊の車は何度も被災者達に取り囲まれた。『この中にラーメンがあるなら、すぐに食べさせてほしい』と頼まれた。隊員はそのつど、寒さと空腹で震えていた被災者達に温かいラーメンを作って提供した。避難所の神戸商業高校では約一〇〇〇人の被災者に温かいチキンラーメンを配給した。作業は深夜に及んだ。救援隊の活動はその後も繰り返し行われ、延べ一〇回を数えた。キッチンカーで提供したインスタントラーメンのほかに、自衛隊や対策本部には合計一〇〇万食を緊急輸送した。被災地の模様をテレビで見たとき、安藤の脳裏には、戦後の焼け跡の光景がよみがえった。胸に込み上げるものがあった。

震災後、日清スポーツ振興財団を通して保護者を失った高校生を対象に奨学金を給付した。この制度はNHK厚生文化事業団に引き継がれ、やはり肉親を失った高校生延べ二二六人へ奨学資金を提供することとなった。食の提供と、親を無くした子供達の救済は、幼くして両親を失い、戦中戦後に飢餓状態を経験した安藤の『二度と同じ思いをさせたくない』という心の叫びだったのかもしれない(8)」。

アメリカの歴史学者ジョージ・ソルトは著書『ラーメンの語られざる歴史』で、次のように述

阪神・淡路大震災の被災地に向かったキッチンカー「チキンラーメン号」

べている。

「こうして、（先に紹介した浅間山荘事件で機動隊員がカップヌードルを食べる姿がテレビ中継されたことを指す―引用者注）カップラーメンは厳しい気候でも食べられる、緊急時にきわめて便利な商品として広く認められることになる。その後の数十年でこの機能はさらに重要になり、日清は自然災害後の危機的状況でインスタントラーメンやカップラーメンを提供する重要な役割を担っているという世界的な評価を得ることになる。一九九五年の阪神大震災や二〇一一年三月十一日の東日本大震災は、災害後のインスタントラーメンの有用性だけでなく、日清が日本の緊急食料の供給者として並ぶもののない役割を果たしていることを見せつけた[9]」。

発明記念館の建設

以降、安藤百福は社会的な活動をいっそう広げていく。

食品業界にもインスタントラーメンのような新たなベンチャーの波を起こしてほしいという安藤の長年の願いが、「食創会＝新しい食品の創造開発を奨める会」の創設につながった。一九九六（平成八）年、日本即席食品工業協会に私財一億円を寄付し、この基金をもとにして設立された。その「食創会」では、食品の基礎研究や革新的な商品開発の功労者に「安藤百福賞」を贈る表彰制度が制定された。表彰制度はのちに「安藤スポーツ・食文化振興財団」の事業として引き継がれ、現在も続いている。

一九九九（平成一一）年、即席めん開発の地である池田市に「インスタントラーメン発明記念館（現カップヌードルミュージアム 大阪池田）」を建設した。池田市民の間から即席めん発祥の地を記念した博物館の設立を望む声が強かった。発明創造の大切さを伝え、ベンチャー精神を奨励する公益的な施設になればと思い、建設に踏み切った。

ミュージアムの中に、当時の研究小屋が再現されている。「研究や発明は立派な設備がなくてもできる。ベンチャーは創造力だ」という安藤の思いを伝えるために再現したという。筆者は横浜のミュージアムのほうで見学したが、この研究小屋は、安藤百福を分析する上で、必須の場所である。

ミュージアムには手づくりでチキンラーメンをつくることができる「体験工房」がある。小麦粉をこねて、線状に切り、蒸して着味してから、油熱で乾燥させる。安藤が開発した時のつくり方と同じ工程を体験できる。

同じ九九年の一一月、ミュージアムの開館に先立って、池田市で市制六〇周年を記念した功労者表彰式が開かれ、倉田薫市長から名誉市民賞を受けた。インスタントラーメンを池田で開発したという縁だけでなく、池田市への文化貢献が評価されたものである。[10] 池田市はご多分にもれず、地方自治体として厳しい財政難を抱えていた。倉田市長は市の活性化と財政再建に奮闘していた。その気概に打たれて、安藤は「財団法人いけだ市民文化振興財団」の設立基金を提供した。

ちなみに、池田市の「カップヌードルミュージアム 大阪池田」は一九九九（平成一一）年一一月の開館から二〇一七年七月三一日までの現在、来館者が七六四万人、横浜の「カップヌードルミュージアム 横浜」は、二〇一一（平成二三）年九月の開館以来、来館者が六一四万人にも達している。[11] 両者ともに、単なる箱モノではなく、実際に活用され啓発を与えているミュージアムなのである。実際に足を運んでみると、子供たちと海外からの来館者が多数おり、その熱気に驚かされる。

宇宙食ラーメンの開発

その最晩年まで、安藤百福は彼らしいエピソードを残しており、「宇宙食ラーメン」はその映像とともに多くの人の記憶に残っているのではないだろうか。

二〇〇一（平成一三）年の元旦、恒例になっている年頭所感を社員や取引先に配った。毛筆で「宇宙世紀　優劣共生」と書いた。

その年の八月二四日、記者懇談会の席上、ある記者が質問した。

「会長は今でも新製品に意欲的と聞いていますが、どんな開発構想をお持ちですか」

「人間はどこに行っても、どんな環境でも食べなければならない。宇宙に行っても同じですよ」

と答えた。

翌日の朝刊に、「安藤会長宇宙食を開発」という見出しが載った。

中央研究所の精鋭が集められ、一〇人のメンバーで「ドリーム10《テン》」という名前のプロジェクト・チームがつくられた。NASDA（宇宙開発事業団、現宇宙航空研究開発機構〈JAXA〉）に話を持ちかけると、日本人の宇宙飛行士はラーメンを宇宙に持っていきたいという要望が強く、ぜひ共同研究に取り組みたいという返事がきた。二〇〇三（平成一五）年に予定されていた野口聡一宇宙飛行士のフライトに向けて開発が始まった。

技術課題は多かった。しかし、なんとか解決し、完成した宇宙食ラーメンは「スペース・ラム（Space Ram）」と名づけられた。二〇〇二（平成一四）年の八月には野口自身が試食し、一二月にはNASA（アメリカ航空宇宙局）のフード・ラボに送られ微生物検査に合格した。醬油味、味噌味、カレー味に野口の希望でとんこつ味が追加された。フライトの延期などがあったため予定より少し遅れたが、二〇〇五（平成一七）年七月二六日、野口の乗ったスペースシャトル・ディスカバリー号が打ち上げに成功した。ラーメンが宇宙に飛んだ瞬間だった。固唾を飲んでテレビの画面を見守っていた安藤は胸をなでおろしたという。[12]

フライト中に首相官邸でスペース・ラムの試食会が開かれた。小泉純一郎（当時首相）は調理のために官邸に入っていた日清食品の開発担当者に「これは安藤さんのところでつくったんですね」と聞き、感慨深げに試食したという。宇宙ステーションの野口と交信した際にも「宇宙で食べたラーメンの味はいかがでしたか」と質問し、野口は「地上で食べる味が再現されていて、大変おいしかったです」と答えた。

野口が最初に食べたスペース・ラムは「とんこつ味」で、その食事風景の一部始終が映像に収められ、帰還後、池田のインスタントラーメン発明記念館（当時）で待つ安藤のもとに届けられた。夢を実現した男二人はがっちりと手を握り合った。チキンラーメン、カップヌードルに続くスペース・ラムの成功に、九五歳の安藤は少年のように感動した。[13]

「創業以来、毎日食べてきました」

一九九七（平成九）年三月、東京で世界ラーメンサミットが開かれ、世界中のインスタントラーメンメーカーのトップが一堂に集まった。ネスレS・A（スイス）、キャンベル（米国）、インドフード（インドネシア）、タイプレジデント（タイ）、頂新国際集団（中国）、統一企業公司（台湾）、ユニバーサルロビナ（フィリピン）、農心（韓国）、日清味の素アリメントス（ブラジル）、そして社団法人日本即席食品工業協会が日本代表として名を連ねた。そこで「世界ラーメン協会（ＩＲＭＡ、現ＷＩＮＡ）」が設立された。

初代会長にはインスタントラーメン発明者の安藤が就任した。その時に採択された「東京宣言」は、インスタントラーメン業界が世界に向けて初めて発信したメッセージとなった。

内容は「インスタントラーメンは世界の飢餓人口の救済に努め、将来起こりうる食糧需給の逼迫に対応するため安定供給を目指す」という格調高いものである。

インスタントラーメンとは何かを考える上で、興味深い事実として以下の数字を紹介しておきたい。ＷＩＮＡは創立以来、貧困、災害、紛争などで飢餓的な状況にある人々にインスタントラーメンを無償提供してきた。インドネシアの紛争被災者には袋入りめん二五〇万食を、タイの生活困窮者には三〇〇万食を、中国「宋慶齢基金」に二〇〇万食を、韓国赤十字社へ一五万六〇〇〇食を、その他スマトラ沖地震やアメリカのハリケーン被災者にそのつど非常食としてインスタントラーメンを贈った。このような平和的で人道的な活動を推進している世界規模の食品団体はほかにない。安藤はメンバーに送ったお礼の書簡の中で、「救済活動に参加しているすべての会員に感謝し、その企業努力を誇りに思う」と述べている。

一九九九（平成一一）年、第二回総会でインドネシアを訪問した時には、たくさんの人から尊敬の念を込めて「パパミー（ラーメンのお父さん）」と呼ばれた。(14)

「世界ラーメン協会」設立総会での挨拶　1997年

ところで、今はあまり聞かなくなったが、かつては「インスタントラーメンは体によくないのではないか」という疑念がしばしば呈されたものであった。それに対し、安藤はいつもこう答えた。

「私は創業以来、インスタントラーメンを毎日食べてきましたが、九〇歳になってもこんなに健康です。私がなによりの生き証人です[15]」。

実際、安藤は長寿であり、晩年まで健康であった。長寿の秘訣を聞かれると、いつも「腹八分目の食事と適度な運動」と答えた。安藤は若い頃から粗食で、好き嫌いはなかった。青みの魚、特に旬のサンマ、イワシ、サバなどが大好物だった。骨ごと食べることが多く、おかげで九〇歳を過ぎても全部自分の歯だった。会社の昼食時にはチキンラーメン・ミニを小鉢に入れてネギを振って吸い物代わりにしたという。あ

日清都カントリークラブにて　2006年12月5日　96歳

るいは中にご飯を混ぜて「チキンリゾット」と称して食べた。毎日インスタントラーメンを食べて長生きしているというのは、誇張ではなかった。

運動はもっぱらゴルフを愛した。「私が行けば必ず雨は上がります」と言うくらいの万人が認める晴れ男だった。いったんゴルフの約束をしたら、雨が降ろうが風が吹こうが必ずゴルフ場に足を運んだという。九〇歳を過ぎても週に二回は欠かさず京都府宇治市の日清都カントリークラブに通った。毎年一〇〇回以上のプレーをこなした。早朝にスタートして一ラウンドをスルーで回ることが多かった。医者からは「お歳がお歳だからゆっくりと休みながらプレーされたほうがいいですよ」と注意されたが、安藤は聞かなかった。ゴルフ場で倒れたら本望だと思っていた。人の厄介にならないで、元気に生きて元気に死ぬのが理想だったのである。[16]

（1）安藤百福発明記念館編［二〇一三］、『転んでもただでは起きるな！――定本・安藤百福』（中公文庫）九八～九九ページ。

(2) 同前一〇二ページ。
(3) 同前。
(4) 同前一〇三〜一〇六ページ。
(5) 安藤宏基［二〇一〇］、『カップヌードルをぶっつぶせ！――創業者を激怒させた二代目社長のマーケティング流儀』（中公文庫）九〜一〇ページ。
(6) 同前一一ページ。
(7) 同前一二ページ。
(8) 前掲『転んでもただでは起きるな！――定本・安藤百福』一〇六〜一〇八ページ。
(9) ジョージ・ソルト著、野下祥子訳［二〇一五］、『ラーメンの語られざる歴史』（国書刊行会）一五九ページ。
(10) 前掲『転んでもただでは起きるな！――定本・安藤百福』一一〇〜一一三ページ。
(11) 日清食品ホールディングス株式会社広報部による。
(12) 前掲『転んでもただでは起きるな！――定本・安藤百福』一一四〜一一六ページ。
(13) 同前一一六〜一一七ページ。
(14) 同前一一七〜一一九ページ。
(15) 同前一一九ページ。
(16) 同前一二〇〜一二一ページ。

Ⅵ　最晩年を迎えて

取締役退任、創業者会長に

二〇〇五（平成一七）年の六月になって、安藤の心に変化が起こった。後継社長の宏基による卓抜したマーケティング戦略が成功し、業績が順調に伸びていたことも影響していたかもしれない。安藤は取引先企業のトップにあててこんな書簡をしたためた。

私、来る六月二九日の株主総会をもって取締役を退任し、創業者会長に就任することと致しました。日清食品を創設して以来四七年間にわたり経営一筋で務めてまいりましたが、このほど、みずから退任を申し出て、取締役会の承認をいただいたものです。幸い社長以下、若い経営陣が立派に育っており、経営をまかせることについて不安はありません。むしろ、元気なうちに引き継がせたいと考えておりました。

年齢も数え年でいうと九六歳。一世紀近くを生き抜いてきたことになります。長い人生で数え切れぬほど多くの人にお世話になり、助けられました。これからはその恩返しをしたいと思っています。特に、国の要請を受けて創設した日本即席食品工業協会の仕事や、世界ラーメン協会などの公務については、気力、体力の許す限り続けていきたいと思います。また、公益法人である安藤スポーツ・食文化振興財団についても、日本の明日をになう子供達のために、スポーツ、自然体験、食育の振興などに力を尽くしたいと考えています。

振り返りますと、私は戦前から、いろいろな仕事をしてきました。成功もあれば、時代の波に翻弄されて、苦しい事態に立ち至ったこともありました。戦後の食べるもののない時代に、食が足りてこそ世の中が平和になると確信し、食の仕事を天職といたしました。一九五八（昭和三三）年、チキンラーメンを開発すると同時に日清食品を創業。その後、行き詰まった需要の拡大と世界市場を開く端緒とするため、カップヌードルを開発いたしました。最近の統計では世界の総需要は約七〇〇億食になったと聞いております。簡便性というインスタントラーメンの価値感が世界中で共有され、認められた結果と存じます。

これだけ長期間にわたって消費者に支持されてこられたのも、数ある加工食品の中で、インスタントラーメンを大事に取り扱っていただいたお取引先の皆様方のお力添えのお陰と心より感謝申し上げます。[1]

安藤は退職金全額を安藤スポーツ・食文化振興財団に寄付した。取締役退任後も、毎朝、誰よりも早く大阪本社に出社し終業時間まで勤務したという。週二回のゴルフを欠かすこともなかった。(2)

安藤百福が最晩年まで元気そのものであった証左として、安藤宏基のこんな記述を紹介しておこう。

「おまえがやめるか、おれがやめるか、どちらかだ」

深夜、いつ果てるとも知れない長い議論の末に、安藤百福は私をにらみつけてそう言った。

「なんだ、親子喧嘩か」と思われるかもしれない。たしかに親子喧嘩には違いない。しかし、議論の中身は企業経営のあり方についてであって、普通の家族の世間話ではない。私は二十年以上も社長として日清食品の経営にたずさわってきた。そこらへんの二代目の若造と一緒にしてもらっては困るという思いがあった。片や創業者会長である。インスタントラーメン産業はおれが作ったという強烈な自負がある。

「おれがいたから日清食品があるのだ」と言う。

「そんなこと、言われなくても分かっていますよ」

「いや分かってない」

そんな議論が何度繰り返されたことか。

あげくの果てに、おまえが社長をやめるか、おれが会長をやめるかどちらかだ。さあどうするか、と迫ったのである。横でやり取りを聞いていた母親は「もういい加減になさい」と言ってあきれたように寝てしまった。

昔の話ではない。安藤百福は二〇〇七（平成十九）年一月五日に九十六歳で永眠したが、これはそのほんの半年前の出来事なのである。血気盛んというか、恐るべき仕事への執着心というか、そこへ持ち前の心配性が加わって、私のやることに黙っておれなくなったのである。(3)

永眠の半年前にこの元気さであったとは、なんとも驚かされる話である。

最後の日

しかし、健康そのものの人生を歩んだ安藤百福にも、最後の日が訪れることになる。

二〇〇六（平成一八）年も暮れようとしていた。安藤は仕事納めの一二月二九日、昼過ぎから流通店舗の視察に回ったというから、まだ元気にあふれていたのだろう。何十年と続けている年末の恒例行事だった。自社の商品を中心に、店頭を自分の目で見て消費期限を確認し、販売状況を調べる。

三〇日、日清都カントリークラブで、その年一一三回目のラウンドとなる打ち納めゴルフを楽しんだ。明けて二〇〇七（平成一九）年の元旦、家族と一緒に屠蘇を祝い、目に入れても痛くない初ひ孫の泰征（当時一歳）を抱き上げて遊んだ。二日、宏基社長以下、在阪の役員・管理職ら二四名が集まって「創業者会長を囲む新春懇親コンペ」が日清都カントリークラブで開かれた。初打ちだった。安藤は防寒ズボンをはいて元気に出席した。アウトは醍醐コースを五六で回った。徐々にショットがよくなってきた。気をよくしてインの宇治コースを五三で回った。グロス一〇九という高スコアが出た。宏基が「今年はいつもより元気だな」と喜ぶほど素晴らしいゴルフだった。

四日、大阪本社で仕事始めの初出式。式典は日清食品国内三八事業所と海外六カ国一五事業所をテレビ会議システムと音声会議システムで結んで行われた。安藤は朝から鼻水が出て、喉の調子がよくなかったが、気力を振り絞るように年頭訓示を行なった。三〇分間立ったままだった。二〇〇七年の年頭所感「企業在人　成業在天」を読み上げた。「業を企てるは人に在り、業を成し遂げるは天に在り。おごり高ぶってはいけない。塵中にも神宿るという。メーカーにとって大衆こそが神の声であって天を動かすことができる」。

午前一〇時三〇分、休むまもなく取引先との年賀会が始まった。ここでも立ったまま約三〇分間話した。「創業以来約半世紀、今日あるのは皆様の支えがあってのもの」と感謝の気持ちを伝えた。一二時からは役員・幹部との昼食会。餅入りのチキンラーメン・ミニを食べた。風邪気味ではあったが、安藤は年末年始の恒例行事をつつがなく全うした。

初出式で年頭所感を手に訓示、最後まで元気そのものだった（2007年1月4日）

宇宙をイメージして執り行われた社葬

しかし、事態は急であった。翌五日早朝、仁子から秘書に「三八度の熱が出ているので池田の自宅に来てほしい」という連絡が入った。午後になっても熱は引かなかった。午後一時三〇分、近所の医師の往診を受け、点滴治療に入った。点滴を始めてすぐに容態が急変した。苦しそうに「抜いてくれ」と頼むため抜針。全身に汗をかいたので、仁子が新しいパジャマに着替えさせた。その直後、仁子に抱きかかえられたままベッドに倒れた。

「あの時に心筋梗塞を起こしたんでしょうね。その時が主人とのお別れだったような気がします」と仁子はのちに述懐する。

二時三〇分頃、救急車が呼ばれた。宏基の長男で孫の徳隆《のりたか》が付き添った。三時に市立池田病院に入った。六時半過ぎに、担当医師から「もうこれ以上は難しい」という報告がなされた。

急性心筋梗塞。臨終は一月五日午後六時四〇分。

告別式は密葬で七日午後一時から池田市民文化会館で執り行われた。喪主仁子の代理として宏基がお礼の言葉を述べた。

出棺に際し思い出の品々が棺に入れられた。チキンラーメン、カップヌードル、スペース・ラム、愛用のゴルフ帽、手袋、サングラス、防寒ズボン、タイガーバーム。胸の上には年頭所感の色紙が置かれた。享年九六であった。(4)

(1) 安藤百福発明記念館編［二〇一三］、『転んでもただでは起きるな！――定本・安藤百福』（中公文庫）一二二～一二四ページ。
(2) 同前一二四ページ。
(3) 安藤宏基［二〇一〇］、『カップヌードルをぶっつぶせ！──創業者を激怒させた二代目社長のマーケティング流儀』（中公文庫）一四～一五ページ。
(4) 前掲『転んでもただでは起きるな！──定本・安藤百福』一二四～一二八ページ。

第二部
論考

新しいラーメンを創った男

発明家・安藤百福論

Ⅰ　インスタントラーメンの誕生と拡大

1　二大商品の生みの親

「チキンラーメン」と「カップヌードル」

安藤百福は、何よりもまず「チキンラーメン」と「カップヌードル」の生みの親であり、食品メーカーの日清食品を創業して世界企業に成長させた、昭和を代表する企業家・経営者である。チキンラーメンとカップヌードルといえば、現在ではどこの家にも買い置きがある、日常生活に欠かせない食品である。定番化して久しいその呼び名は、あたかも普通名詞のように使われているのかもしれない。しかしこの二つは普通名詞ではない。正確には両方とも固有名詞、すなわちメーカーである日清食品が自社の新商品につけた商標である。

企業の商標が普通名詞のように使われる理由は、その新商品が一企業の商品であるばかりか、新しい市場や産業の誕生にもつながっているからだろう。チキンラーメンは一九五八（昭和三三）年八月二五日に発売された。発売当時の値段は一食三五円。チキンラーメンは世界最初のインスタントラーメンである。なおインスタントラーメンとは、熱湯をかけたり鍋で煮る等で、簡易に調理できる即席のラーメンの総称である。[1]

カップヌードルは、一九七一（昭和四六）年九月一八日に発売された。発売当時の値段は一食一〇〇円。カップヌードルは世界最初のカップめん（スナックめんともいう）である。食器として利用できるカップの中に即席めんを入れ、容器一体型の商品として販売することで、お湯を入れるだけでどこでも食べられるようにした。それによって、適当な容器がない国や地域でもラーメンが食べられるようになり、ラーメンが国際食になった。

最初に開発されたチキンラーメンはインスタントラーメンという新市場を創造した。二つめのカップヌードルはカップめんという、インスタントラーメン市場の中の新カテゴリーを創造した。この二つは、新規の市場・新規のカテゴリーを生み出し、新しい需要を開拓したという特筆すべき共通項を持っている。

さらにいえばこの二つは、長寿商品が多いわが国食品業界の中でも並外れて長寿のブランドであって、二〇一七年時点で発売後五九年めを迎えるチキンラーメンも、四六年めを迎えるカップヌードルも、今なお現役商品として、売り上げと利益の両面で会社に大きく貢献している。つまり息の長いロングセラー商品である点でも、この二つはともに別格の存在なのだ。会社を代表し業界をも代表する「二大商品」と呼ぶにふさわしい。その二大商品の生みの親、それが安藤百福である。

二大商品が切り拓いてきたインスタントラーメン市場は、国内はもとより海外もまた巨大市場に成長した。インスタントラーメンに対する全世界の年間消費量はこのところ一〇〇〇億食前後と、膨大な量に達している。インスタントラーメンは、ミルクやカレー、コーヒーなど数あるインスタント食品の中で、今や世界で最もポピュラーな食品の一つである。

そのイノベーションへの評価も高い。発明協会が二〇一六年に発表した「戦後日本のイノベー

発売当時のチキンラーメンのデザイン

現在のチキンラーメンのデザイン

ション一〇〇選」の「アンケート投票トップ一〇」にインスタントラーメンが選定されたのは、証拠の一つである。[2] 選定理由を拾い読みすると、インスタントラーメンという新市場を開拓した先駆的商品として、まず「チキンラーメン」の紹介があり、それを生み出したのは安藤百福の「たゆまぬ熱意とベンチャー精神」であるとし、最後に「インスタントラーメンは、革新性や社会・文化への影響、さらにはイノベーターに対する国際的な評価を勘案すると、戦後日本における極めて重要なイノベーションの一つといえる」と結論している。

「ミスター・ヌードルに感謝」

安藤百福は一九一〇（明治四三）年に生まれ、二〇〇七（平成一九）年に亡くなった。享年九六。亡くなった四日後にアメリカ『ニューヨークタイムズ』紙は「ミスター・ヌードルに感謝」と題する署名入り記事を掲載した。Lawrence Downesによる同記事は次の文章で始まっている。[3]

ラーメン・ヌードル・ガイが亡くなったという先週金曜日のニュースには驚いた。そのような個人がいるとは想像すらしなかった。戦後日本が生んだ独創的商品であるホンダ・シビックやソニー・ウォークマン、ハローキティと同様に、インスタントラーメンもまた、会社組織の集団的努力が生み出した奇跡だと決めつけていた。だが、それは間違いだった。

そして、「安藤百福は全く独力で労働者階級のための安くておいしい食べ物を追究し、一九五八年に発明に成功した。油で揚げて乾燥し、ビニール包装や発泡カップに入れて売られる製品は、彼が興した日清食品を世界企業に成長させた」という説明が続く。記事のエンディングは、

インスタントラーメンの発明によって、安藤は人類の進歩の殿堂に永遠の居場所を占めた。人に魚を釣る方法を教えればその人は一生食べていけるが、人に即席めんを与えれば、もう何も教える必要はない。(4)

という一文で結ばれ、故人に対して最大級の賛辞が贈られている。

記事の評価が、安藤の幅広い業績の中で、彼の発明行為とその成果物に集中している点は、いかにもアメリカらしい。フロンティア開拓による建国の歴史に今でも誇りを持ち、個人の創意工夫と発明がその建国を支えたと考えるアメリカ人が多いからだ。

世界中で尊敬を込めて「ミスター・ヌードル」「ラーメン・ヌードル・ガイ」などと呼ばれた安藤百福は、瞠目すべき個人発明家であり、優れた企業家・経営者でもあった。二大商品の開発で主役を演じて、新しい産業を興す偉業を成し遂げた彼は、世界で最も名前が知られている日本人の一人でもある。

2　イノベーションと市場の成長

一九五八年に歴史がスタートした新しい食品

いつも身のまわりにあって、それが当たり前というインスタントラーメンの現状からすると、つい忘れがちになることは、袋入りのインスタントラーメン（即席めん）という食べ物が昔は世の中に存在しなかったという素朴な事実である。インスタントラーメンは、チキンラーメンが売り出された一九五八（昭和三三）年に歴史がスタートした新しい食品なのだ。そしてまた、カップ入りのインスタントラーメンであるカップめんについても、同様のことがいえる。すなわち、そういうカテゴリーの食品は、昔は全然存在しなかった。カップヌードルが日清食品から売り出された一九七一（昭和四六）年に、そのカテゴリーの歴史もまたスタートしたのだ。

いいたいことは、チキンラーメンとカップヌードルは新しい市場ないしカテゴリーを創ったという意味において、画期をなす新商品（新製品）でありイノベーションであるということだ。この種のイノベーション、すなわち新しい市場／カテゴリーを創造し、新規需要を開拓したイノベーションを、以下、この第二部では特に「カテゴリー創造型イノベーション」と呼ぶことにする。

チキンラーメンとカップヌードルは、インスタントラーメン業界を代表するカテゴリー創造型イノベーションの例であり、その開発ストーリーの主役こそ安藤百福である。

産業成長と技術革新

インスタントラーメン産業の成長過程を論じた木島実は「インスタントラーメンの開発と企業発展」において、同産業の成長の背景には活発な技術革新（＝技術のイノベーション）があったと

発売当時のカップヌードルのデザイン

現在のカップヌードルのデザイン。カップの素材が紙カップとなったため、発売当時と色が若干異なるが、基本的なデザインは変わっていない

指摘し、当該産業の成長に対する技術革新の意義を強調している。彼によれば、技術革新は製法の革新と製品の革新の二つに分類するのが一般的であり、これを用いるとインスタントラーメン産業の主な技術革新は、[一] 製品の多様化を可能にした製法革新、[二] 新たな製品カテゴリーを創造した製品革新、という二つの項目のもとに、次のように分類・整理できる。(5)

[一] 製品の多様化を可能にした製法革新の例

① めんの着味方法にみられる「味付けめん」から「スープ別添めん」方法の開発

② めんの乾燥方法にみられる「油揚げめん」から「ノンフライ（非油揚げ）めん」、「フリーズドライ（真空凍結乾燥）めん」方法の開発

[二] 新たな製品カテゴリーを創造した製品革新の例

③ インスタントラーメンの発売当初、包装形態の主流であった「袋めん」製品に続く「スナック（カップ）めん」の開発

④ 「乾燥（ドライ）めん」に続く「生タイプ（ウェット）めん」の開発

そして、[二] に属するカテゴリー創造型イノベーションは、チキンラーメン発明という市場創造のパイオニア的事例も含めて、例外なく日清食品がその担い手であった、と木島は補足コメントを加えている。

木島がつくったこのリストは、第一に、インスタントラーメン業界で起きた多数の様々なイノベーションを手際よく分類しており、全体を見渡す上で便利である。第二に、製品の多様化やバラエティ増幅につながる多くの（微細な）製法イノベーションと、稀に現れるカテゴリー創造型イノベーションの両方が、業界の発展に対して、それぞれ独特の方法で貢献していることを、このリストは教えている。

第三に、カテゴリー創造型イノベーションを繰り返し生み出してきた日清食品の、当業界における特異な立ち位置を、改めて確認することができる。そしてそれとの関連で、さらに第四に、個人としての安藤百福がもしもいなければ、今日みられるような産業の誕生も発展もありえなかったのでは、と思い至るのである。

チキンラーメンとカップヌードルという二つの新商品は両方とも、既存市場や既存カテゴリーの内部で生まれた新商品ではなかった。二つとも全く前例のない新商品として突如出現したのである。その「出現」は衝撃的だった。二大商品の登場が起爆剤となって、それぞれを核とする新しい市場／新しいカテゴリーが、まず国内で誕生し、新規需要を切り拓き、やがて製品ライフサイクル（PLC）を高成長フェーズへ突入させていった。そしてまた、その衝撃の矛先は国内だけにとどまらず、ほどなくして国境を突き抜け、アジアの国／地域から、さらには欧米へ、世界へと広がっていった。

国内市場の誕生と成長

ここではまず、国内におけるインスタントラーメンの市場の誕生から、爆発的成長を経て、初期の成長が終わるまでに至るプロセスを概観する。

チキンラーメンは一九五八年八月二五日に販売が開始された。先行実施した試食販売の場で、試作品を実際に食べた消費者の反応は好評で、誰が言い出したのか、チキンラーメンは「魔法のラーメン」と呼ばれるようになっていた。しかし食品問屋の関係者、例えばめん類に詳しい専門家の間では、新商品に懐疑的な見方が多かった。既存のめん類に比べて割高だというのだ。

こうした状況で正式販売が開始された。専門家の間の懐疑説にもかかわらず、チキンラーメンの売れ行きは初めから上々で、店頭に商品を並べる先から売れていく。消費者は独特の味と簡便さにすぐに拍手したのである(6)。

順調にスタートし、増大を続けた初期需要に対して、供給側はどう対応したか。供給を担うメーカーは、最初は日清食品一社だけで、競合(ライバル)は不在だったが、チキンラーメンの販売後一年以上経った一九五九年末頃から参入企業が現われ、一九六〇年には同様の動きが急速に広がっていった。参入障壁が低かったからだ。小さい資本で、製めん機など簡単な設備を用意すれば、あとは人海戦術で回していくことができた。

商品としての魅力

一九五九〜六一年にかけて参入した初期の企業の中には、泰明堂（現マルタイ）、梅新製菓（現エースコック）、明星食品、東洋水産、富士製麺（現サンヨー食品）等々が含まれる。のちに業界の有力メーカーになる企業の多くが、この時期に参入している。[7] 参入企業はその後も増え続け、一九六五年に某業界紙は、正確に数え切れなかったのか「おおむね三六〇社に達した」と曖昧に報じている。[8]

こうして多くの企業が参入してきたということは、インスタントラーメンが商品として魅力があったことを示しているが、それだけではない。参入が相次いで業界が急成長し、消費が著しく増大した理由について、木島は次の三点を指摘している。説得力のある指摘である。[9]

① 主食性、簡便性、保存性といった商品特性それ自体
② そうした商品特性を受け入れた消費者のライフスタイルの変化
③ 他の加工食品に比べ、比較的単価が安かったこと（当時、新興のスーパーチェーン店を展開中だったダイエーが客寄せの目玉に使った商品がチキンラーメンと卵だった）

この中で、①に出てくる「主食性」なる言葉については、私自身の解釈と追加コメントを、ここで付言しておきたい。主食性とは、米と同様に主食として利用でき、それだけで朝・昼・晩の食事代わりにもできるといった意味であろう。が、そうであれば、そうした三食の代替に利用で

きるばかりか、さらにスナックやおやつ、あるいは夜食にも利用できるといった、食に対する多様なニーズへの幅広い対応性こそ、インスタントラーメンの商品としての魅力なのではないだろうか。商品の魅力を縮約するキーワードには、この場合単なる「主食性」ではなく、むしろ「(主食性を含む) 多様なニーズへの幅広い対応性」といった表現のほうが、より相応しいように思われる。

それはともかく、参入企業のリストには実に多様な企業が含まれている。各地の生めん、乾めんの業者、かりんとうやその他雑多な菓子類のメーカー、水産加工品などの食品加工関連企業等々、多岐にわたる既存業種からの企業に加えて、(特定の前身業種のない) 全くの新規企業も多かった。中小規模の業者に加えて大手業者も参入し、それから総合商社の参入もあった。こうして多くの企業が参入し、製品開発や製品多様化に互いに切磋琢磨して努力した結果、インスタントラーメンの国内総生産量は著しく増大していった。

「ロケットのような離陸」

よく知られた「製品ライフサイクル (PLC) 理論」では、ちょうど飛行機が滑走路から飛び発つ時のように、新製品需要が本格的成長を開始する瞬間を指して「離陸」(takeoff) というが、生産や売り上げを徐々に上げていく一般の離陸とは異なって、助走部分がほとんどなく、すぐに急激な成長が始まり、地平線から垂直的に飛び上がっていくかのように見える場合、それを特に

図表1　「即席めん類(袋めん)」の総生産量と伸び率（日本）（1958−1970年）

A	B	C	D	E
年度	総生産量（万食）	年間一人あたり消費量（食）	総生産量(B)の対前年度伸び率（%）	段階（フェーズ）名
1958	1,300	0.1		ロケットのような離陸と爆発的成長
1959	7,000	0.8	438.4	
1960	15,000	1.6	114.2	
1961	55,000	5.8	266.6	
1962	100,000	10.5	81.8	
1963	200,000	20.8	100.0	
1964	220,000	22.6	10.0	穏やかな成長
1965	250,000	25.4	13.6	
1966	300,000	30.3	20.0	
1967	310,000	30.9	3.3	成　熟
1968	330,000	32.6	6.4	
1969	350,000	32.9	6.0	
1970	360,000	33.9	2.8	

［出典］　図表のBとCは『日清食品50年史・創造と革新の譜』（36ページ注5参照）の年表（204ページ以下）からとったデータ。

「ロケットのような離陸[10]」（rocket-like takeoff）と呼んで、通常の離陸から区別する場合がある。チキンラーメンが登場した時の、インスタントラーメンの国内総生産量の推移はまさに「ロケットのような離陸」そのものだった。

図表1は、チキンラーメンが登場した一九五八年からカップヌードルが登場する前年の一九七〇年までに至る、「即席めん類（袋めん）」の総生産量推移をまとめたものである。

この場合の「即席めん類（袋めん）」にはラーメン以外の、例えば焼そばに関連した即席商品も含まれていると推測されるが、しかしそれは量的にはごくわずかであって、要するに図表1はインスタントラーメンの数値とみて大過ないと思われる。

そのような了解のもとで、改めて図表1を見ると、第一に総生産量の推移（列Bのデータ）から、初年度の一三〇〇〇万食が翌年には七〇〇〇万食と、五倍以上の生産量に達し、それ以後も一九六〇年の一億五〇〇〇万食が七〇年の三六億食へと、一貫して高成長を続けたことがわかる。第二に年間一人あたり消費量（C）は、一九五八年度の〇・一食から七〇年の三三・九食へと、こちらも一貫して増えている。第三に、総生産量の対前年度伸び率（D）の値を基準とすると、一九五八年から七〇年までの全期間は、大きく三段階に分けて理解することができる。

すなわち、第一段階は一九五八年度から一九六三年度までの初期六年間である。この期間の、総生産量の各年における伸び率（D）の単純平均は二〇〇・二パーセントで、三桁成長であり、一貫して極めて高い。これはまさに「ロケットのような離陸」とそれに続く「爆発的成長」が起きた段階である。第二段階は一九六四年度から一九六六年度までの三年間で、伸び率の平均が二桁成長の「穏やかな成長」段階である。そして第三段階は一九六七年度以後の残りの期間で、伸び率の平均が四・六パーセントと低い「成熟」段階である。

このうち、特に注目すべきは三桁成長の第一段階である。インスタントラーメンの国内市場はチキンラーメンの登場に刺激され、ほとんど助走もなく、まさにロケットのように離陸していった。それほど消費者からの注文が殺到したのである。

生産体制の整備

供給するメーカー側の生産体制はどういう状態だったか。生産体制の整備面でも先頭を走ったのは日清食品である[11]（一五二ページ図表2参照）。チキンラーメン発売の直前に、すでに最初の工場・田川工場を開設。この工場は、大量生産が技術的に可能かどうかを実験するテストプラントを企図したものだった。生産量は一日三〇〇食でスタートした。チキンラーメン発売開始の翌年には高槻にまとまった工場用地を取得。二万四〇〇〇平方メートルもの広大な土地に、一九六〇（昭和三五）年から六一年にかけて第一工場から第五工場まで、五つの工場を矢継ぎ早に完成させていく。その中の第一工場では日産一〇〇万食が可能だった。早くも大量生産体制がつくられたのだ。さらに一九六二年からは、東京や横浜に生産拠点を展開し、真の全国メーカーへと動き始める。創業経営者ならではの積極果敢な動きであるが、こうして設備投資を急ぎ、動き出した設備をすべてフル稼働させても、殺到する注文には追いつけなかった。

インスタントラーメンの需要が急拡大する中、日清食品以外の多くの参入企業もまた、各社それぞれに生産体制の整備を急いだ。こうした広い動きの結果、インスタントラーメン業界は、家内工業的な色合いが強い初期の生産体制段階から、大量生産の技術を利用した生産体制段階へと発展していく。一方、こうした発展に対応できない地方零細企業は淘汰されていった。

チキンラーメンが世の中に登場した時、日本経済はその後長く続く成長フェーズに突入していた。結果的には一九五五年から一九七三年まで、年平均一〇パーセント以上の成長が一八年間続

図表2　日清食品による生産工場の新・増設（1958-1964年）

年	月	事　項
1958年	（夏）	田川工場。日産300食で開始
	8月	「チキンラーメン」発売開始
	12月	「チキンラーメン」生産、年末までに1300万食達成
1959年	12月	高槻工場完成
1960年	2月	高槻　第1工場完成。日産10万食
	9月	高槻　第2工場完成
1961年	8月	高槻　第3工場完成
	12月	高槻　第4、第5工場完成
1962年	6月	ウェーブ食品を買収し東京工場開設
1964年	10月	横浜工場完成

［出典］　図表の「事項」は『日清食品50年史・創造と革新の譜』の年表（204ページ以下）からとった記述。

くことになる高度成長時代の到来である。生産と消費の量的拡大が始まり、関連インフラづくりも始まっていた。NHKや民放の日本テレビがテレビ放送を開始したのは一九五三年である。中内㓛が「主婦の店ダイエー」の前身となる店をオープンしたのは、チキンラーメンの発売前年の一九五七年である。大量生産、大量宣伝、大量販売を組み合わせたビジネスモデルが力を発揮する時代になろうとしていた。安藤百福にとって追い風が吹いていた。

世界市場への急拡大

以上、みてきたように、チキンラーメンの出現を契機として、まず国内で新しい加工食品市場が誕生し、市場規模を急拡大させていく。そして、この急展開のモメンタム（勢い）は、ほとんど数年で国境を越えていくのである。

インスタントラーメンの日本国外での生産は、一九六三（昭和三八）年に韓国で開始された事例が最初であり、これは韓国の三養食品（Samyang）に対する日本の明星食品の技術供与にもとづいている。[12] この例のように日本からの展開は、最初に東アジアの国や地域へ広がり、次いで欧米を経て全世界へ広がっていった。結果として、インスタントラーメン全体の、世界の消費量は今や年間一〇〇〇億食前後に達している。すでに世界規模の巨大な産業になっているのである。

インスタントラーメンの生産と消費は、今日、地球上のほぼ全域に広がっている。WINA（World Instant Noodles Association：世界ラーメン協会）が公表しているデータによると、全世界の消費量は二〇一六年のデータで年間九七四・六億食である。世界人口は七三・四億人（国連データ二〇一五年）であるから、一人あたり年間消費量は一三・二食である。消費量の世界トップ一〇カ国をみると（図表3）、第一位は中国（香港を含む）、第二位はインドネシアであり、それに次ぐ第三位が日本である。世界一位の中国の消費量は約三八五億食である。年間一〇〇〇億食になんなんとする世界消費の四割近くが、中国一国で消費

図表3　世界の「即席めん類」の消費量上位10カ国（2016年）

順位	国名	単位：万食
1	中国（含：香港）	3,852,000
2	インドネシア	1,301,000
3	日本	566,000
4	ベトナム	492,000
5	インド	427,000
6	アメリカ	410,000
7	韓国	383,000
8	フィリピン	341,000
9	タイ	336,000
10	ブラジル	230,000
	（世界の総計）	（9,746,000）

［出典］　世界ラーメン協会（WINA）推定。

されていることになる。

この図表に示した通り、世界トップ一〇カ国の範囲ではアジアの国々がランキングの大半を占めている。例外は六位アメリカと一〇位ブラジルの二カ国だけである。しかし一〇位より下位に並んでいる国々の名を（図表3の記載外であるが）見ていくと、西欧諸国（イギリス、ドイツ、スペイン、フランス等）、旧ソ連・東欧諸国（ロシア、ポーランド、ウクライナ、カザフスタン、ウズベキスタン、チェコ、ハンガリー等）をはじめ、中東、オセアニア、さらには中米、南米、アフリカの国々の名もみられる。こうして、インスタントラーメンの消費国は今まさに地球全体に広がっている。

以上は、消費にみるインスタントラーメンの世界的広がりであるが、消費から生産・製造へ目を転じても、光景は変わらない。インスタントラーメンはほぼ製造国にて消費される商品であり、したがってこの商品では、世界的に広がる消費を国ごと、地域ごとに支えるかたちで、生産体制が構築・展開されてきたからである。

国別にみた時、インスタントラーメンの生産における世界最大国は中国である。その生産量については、「二〇〇七年の四九八億食」という古いデータ報道がある。[13] このデータの信頼性は不明であるが、しかし世界全体の半分近くの量を中国が消費するという既述の基本的構図は、消費を生産に置き換えても変わらないのではないか。

さて消費のデータに戻って、日本におけるインスタントラーメンの消費量は、二〇一六年のデータで年間五六・六億食である。これをその五年前の二〇一一年における消費量五五・一億食と比べると、量的には横ばいに近い。日本は成熟市場なのだ。

なお、袋入りのインスタントラーメン（袋めん）とカップ入りのインスタントラーメン（カップめん）の合計をインスタントラーメン全体と呼べば、その全体の中でカップめんが占める比率は、日本の生産量データ（二〇一五年度）で計算すると六七・三パーセントである。このことから、日本におけるカップめん比率は、量的にはだいたい七割弱であるといってよい。

（1）フリー百科事典『ウィキペディア（Wikipedia）』の「インスタントラーメン」の項を参照した。

（2）同事業における「イノベーション」の定義は以下の通りである。「経済的な活動であって、その新たな創造によって、歴史的社会的に大きな変革をもたらし、その展開が国際的、或いはその可能性を有する事業。その対象は発明に限らず、ビジネスモデルやプロジェクトを含み、またその発明が外来のものであっても、日本で大きく発展したものも含む」。

（3）Lawrence Downes, "Appreciation: Mr. Noodle," *The New York Times*, January 9, 2007.

（4）安藤百福発明記念館編［二〇一三］『転んでもただでは起きるな！——定本・安藤百福』（中公文庫）一二八〜一二九ページ。なお、引用にあたっては引用者が翻訳を一部変更している。

（5）木島実［二〇〇一］「インスタントラーメンの開発と企業発展」小林登史夫ほか編『フードシステムと食品加工・流通技術の革新』（農林統計協会）一六三〜一六四ページ。

（6）前掲『転んでもただでは起きるな！——定本・安藤百福』六〇〜六二ページ。

（7）前掲「インスタントラーメンの開発と企業発展」一六三ページ。

（8）前掲『転んでもただでは起きるな！——定本・安藤百福』七五〜七六ページ。
（9）前掲「インスタントラーメンの開発と企業発展」一六三ページ。
（10）「ロケットのような離陸」という表現が初めて使われたのは、一九八〇年代冒頭のパーソナルコンピュータ市場においてである。一九八一年にＩＢＭが同社初のパソコン（商品名IBM-PC）を市場に導入した時、すぐに大ヒットし、産業全体の売り上げも急拡大したが、それを指して「ロケットのような離陸」といったのである。
（11）前掲『転んでもただでは起きるな！——定本・安藤百福』五九ページ、六六〜六八ページ。
（12）前掲『ウィキペディア（Wikipedia）』（二〇一七年一月二四日検索）。項目「インスタントラーメン」。
（13）前掲『ウィキペディア（Wikipedia）』（二〇一七年三月一五日検索）。項目「インスタントラーメン」の説明文中に、ネット系情報メディア企業サーチナ社が二〇〇八年一月九日付で配信した情報として、このデータへの言及がある。

II　開発過程を読み解く

1　発明家としての安藤百福

複雑かつ多面的な人物像

以下、この第二部では、日本における昭和の代表的企業家として安藤百福を取り上げる。偉業を成し遂げた世の中の多くの先駆者たちと同様に、安藤百福の業績の全体から浮かび上がってくる人物像は、単純なものではない。むしろ複雑かつ多面的な人物像が浮かび上がってくる。

安藤は、第一に直観力が豊かな才気あふれる発明家（inventor）である。この点についてはすぐに詳述するが、しかしそれだけではなく、第二に安藤はリスクを取って事業化に挑戦し、大きな事業という果実を実らせてその成果獲得に成功したベンチャー企業創業者、すなわち起業家（entrepreneur）でもある。

第三に、その安藤には、カップヌードルの開発時にみられるように、有能なプロジェクトリーダーとしての側面もある。異質な専門知識の組み合わせ活用を狙って、人材を集めてチームを組み、達成が容易でない高い目標を掲げ、その達成へ向けて集団努力を結集し、妥協なく目標を達成するというのが、ここでいう有能なプロジェクトリーダーのイメージであり、安藤のある時期の活動の中に、そうしたイメージと重なる部分を見出すことが確かにできるからだ。

最後に第四に、安藤は最高経営責任者（CEO）として経営全般の管理面並びに組織運営面で強いトップ・リーダーシップを発揮し、日清食品を、日本を代表する大手食品メーカーに育て上げた有能な経営者でもある。その強いトップ・リーダーシップの一端は、チキンラーメン発売時の生産体制整備（事前に手当てしておいた土地に、五つの工場を矢継ぎ早に開設した）や販売体制整備（商社と連携した体制の構築等）に見ることができる。安藤については、どうしても発明の偉業に目を奪われるけれど、経営トップとしても並のレベルではないということなのだ。

以上、外部から観察できる主な業績だけに限ってみても、要は議論における光の当て方次第で、少なくとも四通り、あるいはそれ以上に多様な安藤百福論が可能になる――、そういった複雑で多面的な人物なのである。

発明家としての安藤百福の特徴

その中で、この本書第二部では、発明家としての安藤百福に特に光を当てて、その特徴を中心的に論じることとしたい。もちろんそうはいっても、発明家・安藤百福を論じる過程で、起業家あるいはプロジェクトリーダーとしての安藤や最高経営責任者としての安藤にも議論が及ぶ場合があるだろう。そうした意味で、議論が自然に広がっていく可能性を全面的に否定するものではない。しかしそれでもなおここでの議論の軸足は、これをあくまでも発明家・安藤百福におきたいのである。そうすることで、安藤百福を安藤百福たらしめているものが最もはっきりと浮き彫りになると考えるからだ。

発明家としての安藤百福の営みや行動様式には、どういう特徴がみられるだろうか。これが、以下の議論で解明を目指す、われわれの中心的課題である。有望なアイデアや着想、ひらめき、ヒント、解答（ソリューション）といったものは、彼の場合どのようにして獲得されたのか。考えうる代替案を網羅的にリストアップし、それを系統だって比較衡量し絞り込んだのだろうか。それとも最初から直観的に狙いを絞って——ということは狙いを定めた標的以外の、他の代替的標的にはひとまず目を閉ざして——攻め込んだのだろうか。あれこれ攻め口がある場合に、その攻め口を幅広く比較し検討したのか、それとも一点集中で攻め込んだのか、そのいずれであるかという問題である。

安藤は専門家の知識を尊敬して利用した人だろうか。むしろ素人の発想を大切にした人だろうか。系統立った調査データをよく用いたか。それとも、すぐに現場に行って、自分の目と耳で情報を集めたか。

そもそも安藤百福とはどういう生涯を辿った人間なのだろうか。その人物像にかかわる全般的事項へも自然に好奇心が広がっていくが、それについては、本書の第一部と第三部の記述が有用なので、そちらを参照願いたい。

めんの素人？

さて後述するように、安藤百福は四七歳で無一文になった時に、再起を図ってインスタントラーメンの開発に着手した。それまでの経歴を見ると、安藤は、めんの専門家ではない。むしろ素人だといったほうが、事実に即した正しい言い方になるのではないか。

その安藤がチキンラーメンを開発し、ラーメン工業化への未踏の第一歩を記し、それが巨大な産業創生にもつながっていくのだが、公刊されている資料に書かれた発明のプロセスを読むかぎり、最初の事例であるチキンラーメンの成功は、百福本人には失礼ながら「素人によるビギナーズラック」の事例のように見えなくもない。ビギナーズラック（beginner's luck）とは、何事にせよ、過去に経験がないことを初めて行い、それによって運よく成果を上げて成功することを意味する言葉である。

果たしてそういった見方、すなわち「ビギナーズラックだという見方」は、この場合全くの見当違いだろうか。こうした疑問が、安藤の「偉業」をめぐって、多くの人が思い浮かべる最初の素朴な疑問の一つであろう。その疑問に答えたい。

チキンラーメンの発明は安藤四八歳、カップヌードルの開発は安藤六一歳の時である。こう言うのもまた大変に失礼ながら、こんなに高齢になられてから、かくもインパクトの大きな発明を思い立ち、そうして完成度の高い新商品の開発を成し遂げることが、なぜできたのだろうか。この疑問は、上述してきた最初のなぜにかかわる疑問と関連するが区別しておくべき、別の素朴な疑問である。これはカップヌードルという、本書で取り上げる開発の二番めのサクセスストーリーに、より直接的に関連した疑問ともいえる。

チキンラーメンによるインスタントラーメンの発明だけでも大変な偉業なのに、それにとどまらず、安藤をしてさらにカップヌードルによるカップめんの発明にまで向かわせたものは何だったのか、という疑問が一つ。さらにまた、高齢にもかかわらず完成度の高いかたちで、それが成就できたのはなぜか、という理由の解明が、ここに含まれるもう一つの課題である。

そのほかにも、われわれの好奇心をそそる疑問はたくさんあり、本書の以下の議論だけで、すべての疑問に完全に答えられるとはもちろん思っていない。しかし、以上に述べてきた主要な問いかけに対しては、これ以降の記述の中で、せめて答えのヒントだけでも探りあてたいと思っている。

繰り返せば、以下におけるわれわれの探索的議論の中心は、発明家としての安藤百福である。

二大商品の開発と安藤百福の役割

日本で発明されたインスタントラーメンは、世界の食文化に大きなインパクトを与えてきた。

なかでも二大商品はインパクトが大きかった。そういう食品を二度にわたり世に送り出した人間、それが安藤百福である。

「二度にわたり世に送り出した」と書いたが、急いでつけ加えれば、安藤自身が果たした役割は二大商品の開発過程の間で同一ではない。

チキンラーメンの開発のケースでは、主役は明らかに安藤一人である。安藤百福がほとんど独力で構想し開発した商品、それがチキンラーメンだからだ。

チキンラーメンの開発プロセスについては、改めて詳しく取り上げるが、それを特に立ち入って論じる理由は、発明行為における安藤個人に独特な特徴が、チキンラーメンの開発プロセスの中に最も鮮明に現れているからである。いずれにせよチキンラーメンは一人の発明家・安藤百福が「たゆまぬ熱意」で開発に孤軍奮闘し、製品の基本コンセプトにこだわって、途中で妥協することなく執念で開発した商品である。

それに比べるとカップヌードルの開発のケースでは、会社が組んだプロジェクトチームが前面に出て機能した。このケースにおける役割分担を単純化していえば、製品の基本的アイデアは安藤の提案であるが、それを実際につくり込んでいくのはプロジェクトチームのメンバーたち、という体制だった。大学の専攻分野の違う若手エンジニアが中心となって、それぞれが異なる専門知識（expertise）を持ち寄り、容器の開発、めんや具の開発、量産ラインの立ち上げ、さらには販売チャネルの開拓等々の役割を分担し、新商品の開発と市場導入に組織的に貢献した。文字通り孤軍奮闘で、一人の開発努力に終始したチキンラーメンの場合とは異なって、カップヌードルの開発のケースには組織された努力の要素が加わっている。

この点については、カップヌードルの開発物語に光を当てたNHKのドキュメンタリー番組『プロジェクトX』が詳しい。[1] 同番組は二〇〇一（平成一三）年に放送されたが、そのDVD版によると、プロジェクトチームに招集された若手メンバーたちのなかでも、めん担当の松本邦夫、具担当の大野一夫、営業担当の秋山晃久の三人の奮闘が大きかった。

松本邦夫：袋めんの二〜三倍の厚みになるめん塊を均一に揚げる方法を追究。油熱処理用の金型をいろいろ変えては、めんを揚げ、一日二〇回に及ぶ試食を連日のように繰り返し、胃痛に悩まされるなど悪戦苦闘の末に、ついに均一に揚げられるようになる。

大野一夫：大学で食品化学を専攻。当時の先端技術で、実用例が未だ限られていたフリーズドライ製法の実用化に果敢に挑戦し、卵、肉、ネギの乾燥利用に成功。エビでは苦戦するも、粘ってなんとか販売開始に間に合わせる。

秋山晃久：既存の流通業者が取り扱ってくれなかったので、新販路の開拓に奔走。銀座・歩行者天国で試みた街頭販売の際には、開発者たちの思いを背負って懸命に売り込み、四時間で二万食完売の記録をつくる。

こうして、プロジェクトチームに集まったメンバーの貢献が大きかったことや、そこに各人各様の人間ドラマがあったことはNHKの報じた通りである。彼らの貢献を度外視してカップヌードルの成功を語ることはできない。しかしそれでも、出発点に置かれた新商品アイデア、例えばどんぶりでなくタテ型のカップにめんを入れ、それをフォークで食べるという、インパクトの強い提案は、元々が安藤のアイデアであり、そしてまた、開発の節目で出てきた難問のいくつかを解決し、プロジェクトを前進させていく上で、安藤個人が決定的に重要な役割を演じている。カップめんにおける有名な「中間保持」技術の発明は、その好例である。

〈「中間保持」の技術〉（カップヌードルの開発では）めん塊はカップの中央に宙吊り状態にして固定させる「中間保持構造」を採用。これにより、めんはカップの中央で内側に密着してカップの強度を高め、めん折れを防ぐとともに三分間で素早い湯戻しを実現した。

しかし、めん塊を自動化ラインでカップの中央に固定するのは至難の技であった。めんの平らな部分を水平にするのは難しく、カップの上から麺を入れようとすると、ひっくり返ったり、いびつになったりしてしまう。安藤百福は昼も夜もその解決策に頭を悩ませていた。ある夜、寝床で目を覚ますと、錯覚なのか天井がゆっくりと回転しているように思った。天と地が逆になった感じである。この時にひらめいたのが、めん塊を下に置いてカップを上からかぶせる方法で、まさに、逆転の発想であった。

中間保持構造

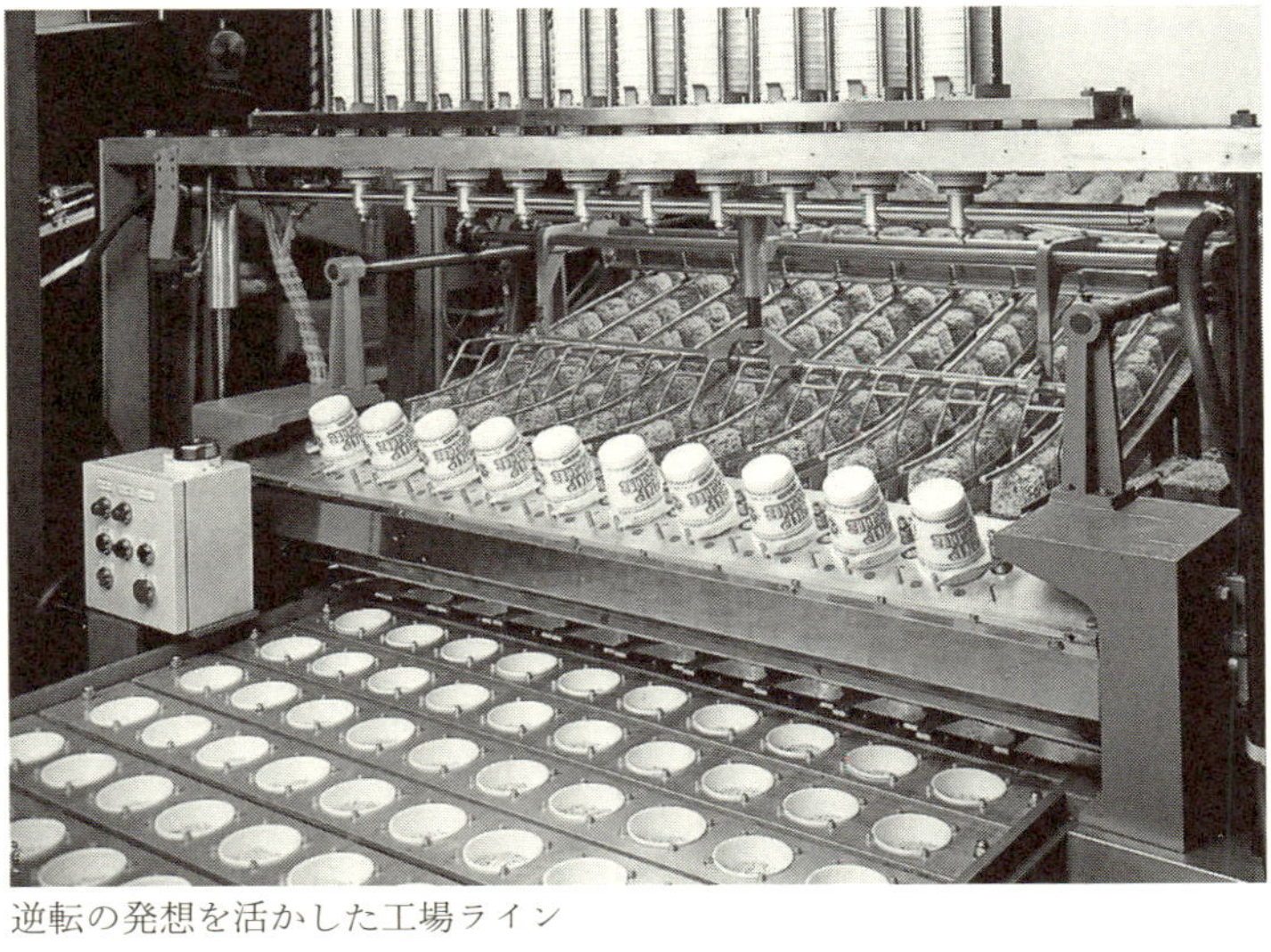

逆転の発想を活かした工場ライン

翌朝、研究所で試してみると、めん塊はカップの中にうまく固定された。こうしてインスタントラーメンに新たな歴史を開く「カップヌードル」の量産化が可能になったのである。[2]

二大商品の開発における役割分担の概要を、芝居の舞台公演に例えていえば、チキンラーメンの開発公演では安藤は出ずっぱりの主役だったが、カップヌードルの開発公演では安藤の出番は限られ、代わりに周囲の役者たちの貢献が目立つようになった。しかしそれでも、二つの公演の基本構図は「安藤百福一座」の「座長芝居」というべきもので、そういう意味で共通だったというのが、ここでの見立てである。

というわけで、役割の詳細には変化が認められるものの、本書では安藤百福を二大商品の発明者とみなし、その基本的了解を前提として、以下、論じている。

2 挫折、そして決断

四七歳からの発明物語

安藤百福の発明物語は一九五七（昭和三二）年、彼が四七歳になった年に始まる。その年にインスタントラーメンの開発が決意され、それに向けた集中的努力が開始されたからだ。決意のきっかけは、安藤本人が財産没収の憂き目に会い、無一文になったことである。

「無一文になった」と書くと、常識的に考えればこれは人生における挫折であり失敗であり大ピンチであったに違いない出来事だ。しかしその大ピンチに出くわしたまさにそのタイミングで、安藤はインスタントラーメンの発明につながる開発を決意するのである。

それまでの六年間、安藤は大阪に生まれた小さな信用組合の理事長を務めていた。請われて就いた理事長ポストである。その信用組合がわずか六年で経営破綻し、トップとしての責任を問われた結果、安藤自身、財産を没収される羽目に陥った[3]。

実業家としての安藤百福は、それまでも平穏無事な人生を歩んできたわけではない。新しいことに手を出すのが好きで、戦前から戦後にかけて、一〇件は下らない新事業に取り組み、それぞれにおいて成果を上げたが挫折もまた経験し、七転び八起き、起伏の大きな人生を送ってきた。とはいえ、それにしても理事長を務めていた信用組合の経営破綻で、四七歳にしてほぼ全財産を失う身になったのだ。「安藤百福伝」では次のように書かれている。「いままでは失敗しても何がしかの資産は残してきた。しかし今回、残ったのは大阪府池田市の借家と、身を焦がすような後悔だけだった[4]」。

「四十にして惑わず」とは、よく知られた孔子の言葉である。四七歳といえば多くの場合、それまでに蓄積を重ねて築いた安定した土台があり、その上に立って、もう迷うことがないか、あっても迷いの少ない年齢のはずなのだ。しかし安藤の場合には、そういう年齢になって、ほぼ全財産を失う事態に陥ったのである。手元に残ったのは大阪府池田市の借家だけ。その借家の家財道具にも赤紙が貼られた。

事ここに至り、凡人ならば意気消沈して、全く言葉を失ってしまうか、あるいはいつまでも独りで繰り言をいい、わが身の悲運を嘆き続けるか、いずれかではないだろうか。しかし安藤は違っていた。過ぎたことをいつまでも悔やまない。考え方が徹底して前向きなのだ。

たしかに人生には失敗が付き物で、失敗した時にその失敗にどう対処し、失敗から何を学ぶかが重要である。その意味では、人生を生きていく上での巧拙は、まさに成功よりも失敗の局面で現れるのだろう。この場合、そもそも失敗をチャンスと受け止めるメンタルな強さが必要になるが、挫折した安藤の場合はどうだったか。

忘れられない思い出

安藤にはメンタルな強さがあった、というのがその答えである。

信用組合が倒産し、事業の整理を終え、安藤は大阪府池田市の自宅に引きこもった。一九五七（昭和三二）年のことだ。訪れる人もなく、身辺は急に静かになった。が、ほとんど時をおかずに、彼はインスタントラーメンの開発を決意し、そのための行動を開始したのだ。失敗をきっかけにした、まさに瞬時の決断である。(5)

のちほど詳しくみるように、安藤の場合、意思決定の早さ、決定事項の明快さ、初動の素早さが際立っている。そしてこうした特徴を持った意思決定は、発明過程の中で、安藤によって何度か繰り返されるものである。

しかしまた、この決断には伏線があったといえなくもない。安藤には、戦後すぐの窮乏時代に見聞して、それ以来なぜか心に引っかかって離れなくなった思い出が二つあるからだ。結果的にインスタントラーメン開発の決断につながっていく、長いプロセスの出発点となった思い出である。

一つめは戦後すぐに安藤が見た、屋台のラーメン屋に並んだ人の列である。「日本人はめん類好きだ」と強く印象づけられ、忘れられなくなった。二つめは厚生省での役人とのやりとりで、一九四八（昭和二三）年頃のことと推測される。占領下、厚生省はアメリカの余剰小麦を使って粉食を奨励していた。それが学校給食をはじめとして、パン食の勧めに偏り、めん類が取り上げられていない。安藤が不満を言うと、「安藤さん、あなたが研究したらどうですか」と役人に言われた。それ以来、このやりとりも安藤の心に引っかかって離れなくなった。

〈屋台に並ぶ行列〉 場所は阪急電鉄梅田駅のそばの焼け野原。時は戦後すぐの闇市が立つ冬の寒い夜。たまたま安藤が通りかかると、二〇〜三〇メートルの行列ができている。屋台のラーメン屋に並ぶ行列である。
一九四五（昭和二〇）年に戦争は終わったが、戦争で生じた日本の食糧不足はそれから何年も続いた。大小様々な闇市が日本の至る所に生まれ、とりわけ都市部の物資不足を補う中心的存在となった。「絶望と飢餓が広がっていた戦後は、ラーメンが栄養のある温かい食べ物という地位を獲得した時代でもあった」と、アメリカ人歴史学者ソルトは書く。(6) 戦後の日本では餃子や支那そば——のちに中華そばと呼ばれるようになり、さらにラーメンと呼称が変わる——を提供する商売が繁盛した。安くてスタミナがつくというので、ラーメン店やラーメン屋台が増え、そこに行列ができた。

一杯の温かいラーメンが多くの人たちを惹きつけている光景。これは、心に刻まれた「原風景」として、安藤にとって忘れられないものとなり、そのイメージが心の中にずっと残っていたといわれる。

屋台のラーメン屋に行列ができる光景は、戦後日本の至るところで見られたものである。ごくありふれたこの光景が、しかし安藤にとっては忘れられないものとなる。「いつでも、どこでも、手軽に食べられて、家庭に常備できるラーメン」があれば、たくさんの人々に喜ばれるはずだという着想が、その時浮かんだからだ。大きな需要が生まれる予感を彼は感じていた。(7)

〈厚生省でのやりとり〉 二つめは戦後、仕事の関係で足を運ぶようになった厚生省で、役人と交わしたやりとりである。そのやりとりから、のちにインスタントラーメンの開発につながる大きなヒントを手に入れることになる。

占領下、厚生省はアメリカの余剰小麦を使って粉食を奨励していた。しかし粉食の奨励とはいっても、学校給食などでパン食を勧めるばかりで、めん類が取り上げられていない。「東洋には昔からめんの伝統があるじゃないですか。同じ小麦を使うなら、日本人が好むめん類をなぜ粉食奨励に加えないのですか」

そう言って、安藤は強い不満を示した。しかし一方で、うどんやラーメンは零細企業の仕事で、大量生産の技術や配給ルートはない。当時の業界は、そんな状況だった。

「それほど言うなら安藤さん、あなたが研究したらどうですか」

と、最後に安藤は役人に言われた。

このやりとりも、屋台に並んだ人の列と同様に、安藤の心に引っかかって離れなくなった。(8)

これら二つの思い出が安藤の心にずっと引っかかっていた。そういった宙ぶらりんの状態、あるいは大切なものを棚上げした「空白の歳月」が十余年続く。その十余年はしかし、無為にすごしたというのではなく、それはそれとして、百福の人生がいつもそうであったように成功と失敗、喜びと哀しみを含んだ、紆余曲折の多忙な日々である。(9) そして突然無一文になり、様変わりした環境のもと、瞬時のひらめきでインスタントラーメンの開発を決意。発明に没頭した「集中の一年」を経て、一九五八年にチキンラーメンの発売へ――。全体の流れは、こう要約できるのではないか。

そしてこの中で宙ぶらりんの（あるいは棚上げした）「空白の十余年」を、基本的には必要な歳月、すなわち一見無駄にみえるが当時の安藤には必要な歳月だった、と私は考えている。別の視点からいうと、後続する「瞬時のひらめき」を可能にするための、機能的な準備段階あるいは懐妊期のごとき段階とはみなせないものの、人生の大事を始めるためには、機が熟することが必要であり、一定の時間が必要だということである。

人生には無駄が必要だ、というべきだろうか。いや、より正確にいえば、一見無駄に見えるものも、無駄に見えて実は無駄ではない、と私はいいたいのである。

「魔法のラーメン」開発を目指す

屋台のラーメン屋に並ぶ行列を見て、個人が自然な連想でイメージできる商売やビジネスは何か。こう問われれば、常識的には、その答えは一つではない。理屈だけでいうと、少なくとも三つの選択肢がありうるように思われる。

第一は屋台のラーメン屋そのものであり、いわゆる「屋台引き」になることである。これは、外地からの引揚者や失業者のような、元手を持たない素人でも簡単に始められた商売で、事実戦後の一時期人気があった。屋台を貸し出す業者があり、めんやスープ、ゆで湯、丼、箸などをセットにして貸し出してくれたからだ。

第二は、屋台でなく店舗を構えてラーメン屋を始めることである。店舗を構えるとはいっても資金不足で、実際には闇市の露店から始め、しばらくしてから中心部の普通の飲食店へ「出世」

していくケースが多かった。

以上の二つは、屋台に並ぶ行列から直接的に浮かんでくる商売であり、サービス系の小さなメイン事業として、実績に乏しい個人でも着手可能な現実的選択肢である。二つとも、俗にいう「日銭商売」で、現金収入がすぐに得られるのも好都合だ。

それに対して第三は、家庭で簡単に食べられる「魔法のラーメン」を開発するという選択肢である。もしもそうした食品が首尾よく開発され、きれいに包装されたブランドつきの食品としてそれを工場生産する会社が出てくれれば、将来的には大手メーカーが競い合う業界が生まれるかもしれない。しかし商品開発の成功がすべての前提で、資金繰りの難題もあり、これは簡単には選択しえない代替案だと思われた。

驚くべきことは、この中で困難度が際立って高い第三の代替案が、安藤によってためらいなく選ばれ、集中した開発努力が開始されたことである。信用組合が倒産した一九五七年のことである。『安藤百福伝』にはこう記されている。


一九五七(昭和三二)年が明けた。前年七月に発表された『経済白書』は「もはや戦後ではない」とうたっていた。食べるものも潤沢にあった。しかし、安藤は時代に逆行するように、戦後の窮乏の時代に思いついたアイデアを、ようやく実現しようと試みていた。家庭でお湯があればすぐ食べられるラーメンの開発である。(10)

決断の特徴

財産を没収され、無一文の身になって、かえって発想が自由になったというべきか。安藤は失敗にめげていなかった。戦争直後の貧しい時代にひらめいて、その後なぜかずっと心に留めていたアイデアを、ようやく試してみるべき時が来た――。独特の嗅覚でもって、安藤は人生最大のピンチを、逆に千載一遇のチャンスとみていた。

彼の脳裏にその時浮かんでいたのは、「家庭でお湯があればすぐ食べられるラーメン」を開発するというアイデアで、長いこと安藤が忘れずにいたものである。

ここで、三つの補足的コメントが有益だろう。第一は、そもそものきっかけとなった屋台引きや街のラーメン屋の商売を、安藤が自分自身の選択肢として検討した形跡が全くないことである。なぜか？

今は失敗した身とはいえ、実業家としての長い実績を持つ安藤は、自分に対するオプションとは思わなかったのかもしれない。あるいは、事業として規模拡大が見込まれるスケーラブルな選択肢に、彼の関心が集中していたのかもしれない。厚生省でのやりとりの一件を重視して考えると、おそらくは後者、すなわちスケーラブルな選択肢に彼の関心が集中していたということではあるまいか。

第二は、オプション選択はシンプルで、あれこれ詮索したり、考えうる複数の代案を取り上げ比較衡量したりせずに、一つにパッと飛びついて、文字通り瞬時に選択し、すぐに動き出していることである。代替案の網羅的列挙とその比較という、通常ならば早いタイミングで出てくる初期の探索段階の常套的手法がとられずに、直観的に決め打ちでもしているみたいである。

第三に、当座の間に合わせ的な選択ではなく、いきなり究極の選択が行われている点も、安藤百福の決断の特徴として強調に値するであろう。手元不如意の身で、常識的にものごとを進めるならば、まずは地道にラーメン屋あたりから始めて、資金を蓄え、しかるのちに、より本格的な選択肢に取りかかるといったステップ・バイ・ステップの手順の踏み方もありえただろうに、と思うのだ。

この中で第二、第三の二点は、安藤による発明の営みの中で、選択問題に直面した際に繰り返し観察される特徴であり、注目に値する。広く代替案を挙げていき、それを比較衡量した上で、一つに絞り込むという、常人の選択過程に多くみられる通常の手法ないし手順がとられないのだ。工場生産するラーメンの開発、着味めん、チキン味のスープ、チキンラーメンという商品名の決定がみなそうだ。

これは、ある意味では専門家よりも素人の行動パターンに近いので、安藤における〝素人性〟の発露とひとまず呼んでおく。私見では、〝素人性〟は発明家・安藤百福の行動様式を特徴づけるキーワードの一つであり、おそらくは最重要のキーワードなので、関連する議論については、第二部の最後の箇所で改めて取り上げることとしたい。

発明家・安藤百福の行動様式を特徴づける、もう一つのキーワードにも、ここでふれておこう。それは、しばしば「子供のような」と形容される百福の没頭癖である。第一部でも紹介したように、安藤宏基は、父の百福が「子供のように好奇心が旺盛で、何にでも興味を持つ。いったん興味を持つと、われを忘れて没頭する」と書いている。

「ユニークな絵を描く」

発明に立ち向かう際の、安藤百福の行動にみられる際立った特徴は何か。この点を考えていて、ふと思い出したエピソードに、アメリカの初等教育における以下のような話がある。家族を伴って、私がアメリカに滞在し、二人の子供を近くの小学校に通わせていた時に、現地で聞いた話である。[11]

初等中等教育を担当するアメリカの某教師が、自分の授業の中で、毎年決まって、ある課題を子供たちに与えて、絵を描かせてきたというのである。日本の学校教育でいえば小学校にあたるような学校で、そこに通ってくる小学生のような年齢の児童に対して絵を描かせるのだが、その時に教師が課題として言うことは、「ユニークな絵を描きなさい」という、ただそれだけである。ユニークとは何かといった、補足的な説明にあたることは、ひと言も言わない。ただ「ユニークな絵を描きなさい」と、それだけ言うのである。

面白いのは、この課題を与えられた時の子供たちの反応が、いつもきれいに二つのグループに分かれたというのである。

一方のグループは、はじめに教室の中をひとしきりうろうろし、他の子供たちが何を描き出すのか、お互いに覗き見し合う。その上で、しばらくしてようやく、各自ひとところに落ち着いて、自分の絵を描き始める子供たちである。このグループは相対的に多数派らしい。

この子供たちが他人の真似をするというわけではない。そういう子供もいるかもしれないが、むしろ多くは、他人がどういうものを描くのか、いちおう見ておいて、何らかの意味でそれとは違うものを描こうとするか、あるいはうろうろしている間に思いついたアイデアで絵を描き始めるのである。前者と後者とを比較すると前者、すなわち他人とは違ったものを目指して描き出す子供たちが多いのではないか。

それに対して、最初から分かれたもう一方のグループは、教師が課題を指示したら、すぐに脇目も振らず、それこそワァーと一心不乱に何やら描き始める子供たちである。教師の指示を聞いて、ただちに思いつくことがあったのだろう。それをすぐに描き出すグループが毎年、決まっていたのである。他人が何を描いているのかに基本的に関心を持たない、このタイプの子供たちは、毎年いたが、しかし人数でいうと相対的には少数派らしい。

こういうふうに、いわば「うろうろ派」と「一心不乱派」という、全く対照的な二つのグループに、いつも子供たちが分かれたというのである。

その結果、描き上がった絵を二つのグループの間で比較してみると、教師の主観で見てどちらかというと、後者の「一心不乱派」の中にエッジの効いた、ユニークな絵が多かったというのである。「一心不乱派」の絵にはバラツキがあり、なかには理解困難な絵もあるが、その中にキラリと光る、個性の強い、独特な絵が含まれていたのだ。それに対して、前者の「うろうろ派」の絵は、確かに他人のものとは違うし、でき上がりのよい絵が多いが、どこか面白みに欠けるという印象だった。

この話は、内発的動機というものが持つ意義を示唆している。他人が何かをしているから、それと比べて違うことをしようというのではなく、単純に自分が描きたいものを描く。心の底から自然に湧き上がってきたものを描くという、純粋に内発的な動機に優るものはないということである。

さて、このエピソードを用いて、発明に向かった時の安藤百福の行動の特徴を表現すれば、「ユニークな絵を描け」という課題が自分に与えられた時に、安藤百福という人はまさに脇目も振らず、一心不乱に、それこそワァーと描き出すタイプの人間だろうということだ。何かとの比較で差別化したいというのではなく、まして人真似ではもちろんなく、要は創りたいものを創る。そうした内発的な動機につき動かされて開発されたもの、それがチキンラーメンでありカップヌードルなのだろうということだ。

3 集中の一年

自分を追い込む

さて、考えてみれば、昨日まで金融業の会社経営者として、人望もあり、実際に忙しい毎日を送っていた人が、経営していた会社の倒産で、無一文になり、人が離れ、身辺が一気に寂しくなった。しかしその結果、インスタントラーメン開発に集中できる環境がはじめて生まれたのだ。実際に、実業家としての実績もあり、人望もある安藤が、もしも仮に無一文にならず、その後も周囲にもてはやされていたとすれば、その状況ではインスタントラーメン開発に没頭した「集中の一年」は起こりえず、チキンラーメンも誕生していなかったのかもしれない。

しかし、インスタントラーメンの開発に集中できるとはいっても、一方では金銭的に余裕がなかったことも事実である。家族を抱えた身で唐突に財産を没収され、資金的余裕もなければ部下もいない、ないないづくしなのだ。インスタントラーメン開発を決断したといっても、漫然と時間をかけて取り組んでいられるわけはない。息子の安藤宏基は、当時の窮状を振り返って、こう書いている。

池田市の借家には父、母方の祖母、母、兄と私と妹の六人家族が身を寄せて生活していた。母が「もうお金が千円しかないわ」とつぶやくのを聞くと心細かった。インスタントラーメン開発への挑戦は、創業者にとって世の中のためという思いもあっただろうが、そのときはさすがに生活が切羽詰っていた。自分と家族が生き延びていくために死力を尽くした、最初で最後の仕事ではなかったかと思う。[12]

ひしひしと切迫感が伝わってくる記述である。メンタルな強さを持ち、挑戦心でインスタントラーメン開発を思い立ったとはいえ、手元不如意で、自分以外に頼れる者もいない。家族に対する責任もある。そうした状況だから、推測するに、向こう一年間といったごとき一定期限をあらかじめ設け、敢えて事前に線を引いた上で、その中に自分を追い込み、これはと思う方向に絞って開発努力を集中させ、一心不乱に努力して、その努力が生み出すものを自分の目で見、手で触り、実際に確かめてみたかったのではないか。それが「集中の一年」であり、その環境づくりの作業がなお続くのである。

発明小屋の建設

わが国には、「発明記念館」という看板を掲げた、インスタントラーメン関連の施設が二つある。大阪・池田市の「インスタントラーメン発明記念館」(一九九九年開設)と、横浜市の「安藤百福発明記念館」(二〇一一年開設)である(なお、一八ページで述べているように二〇一七年九月から名称が変わった)。この二つは、画期をなす発明でその後発展を遂げた日清食品が開設し、内部に「発明小屋」(日清食品では研究小屋と呼称している)を再現している点で共通である。

発明を決意した安藤が最初に取り組んだのは、発明の拠点づくりである。何を始めるにせよ、

再現された当時の研究小屋

まずは集中できる場所が必要だということで、昔なじみの大工に頼んで、借家の裏庭に一〇平方メートルほどの掘っ立て小屋をつくってもらった。

最初にやったことが発明小屋の建設だったということは、象徴的な意味を持っていると私は考える。安藤は、まずはともかくひとり集中して、自分の手と足を使い、思う存分汗を流して、要はものづくりをしたかったのだ。そのための「集中の空間」が発明小屋である。

発明小屋訪問

その時つくられた発明小屋と同じものが二カ所に再現されていることは、すでに述べた。その内の一カ所、横浜の発明記念館を訪問し、私は再現された小屋を自分の目で見た。

第一印象は、どこにでもある物置小屋のような、飾り気のない小さな建物である。再現当時、あまりにも粗末な建物なので、安藤の妻の仁子には多少恥ずかしい想いがあったという。しかし「研究や発明は立派な設備がなくてもできる。ベンチャーは創造力だ[13]」という安藤自身の思いを伝えるために再現・公開した、と伝えられる。

実際に訪れて見ると、再現されたその発明小屋は、予備知識のない人にとっては、なるほど何の変哲もないただの物置小屋にすぎない。けれどもその小屋は、見学者である私にとっては、アメリカ・シリコンバレーの発祥の地に保存されている、ヒューレット・パッカード（HP）社の記念碑的ガレージ（車庫[14]）を彷彿とさせるものだった。HPのガレージも、それ自体はどこにでもある木造の小さな車庫にすぎない。しかし歴史を創ったストーリーがただの車庫には見せないのだ。

それと同様に、飾り気のない小屋だが、歴史を画する発明の起点となったストーリーを知る私の目には、特別なものに見えた。安藤百福は後世によいものを残した、と私は思う。

めんづくりから始める

ともかくこうして活動拠点はつくってみたものの、小屋の中にはまだ何もなく、ガランとした空間である。開発作業のための道具類やなべ、什器、材料が必要だということで、安藤が第一に調達したのは小型の手回し式製めん機である。大阪の道具屋筋を探し回って、ようやく中古の製めん機を探し出し入手した。

再現された研究小屋の内部

独自のめんづくりで試行錯誤

最初に調達した道具が製めん機だったのも、ある意味で象徴的である。発明の努力を何から始めるかは自明ではない。普通のめんであれば、近在の製めん業者に依頼すれば、すぐにも調達できたはずである。当時は製めん業者が全国的に増えていた時代だからだ。しかし安藤は、そうした製めん業者にすぐには頼らなかった。手元資金が不十分だったことが、外注に依存しない意思決定と無関係ではあるまい。

しかしそれ以上に、独自のめんづくりに焦点を定め、めんから始めて試行錯誤する中から、自分の手で何かを感じ取り、肌感覚で勘どころを探りながら、自分なりにぴんとくる新しい食品をつくるという強い意思を安藤が持っていたことは想像に難くない。めんづくりから始めて、自分自身が「腹落ち」する、ユニークな新食品をつくりたかったのだ。

さて、製めん機は手に入れたが、さらに道具類やなべや什器や材料の調達も必要だということで、製めん機の次に、直径一メートルもある中華なべを買い入れた。一八キログラム入りの小麦粉や、食用油などの材料も購入した。さらに大小様々な什器やめん棒、計量カップも購入し、すべて小屋へ運び入れた。(15)

再現した発明小屋の内部レイアウトは、発明に取りかかる安藤が、いったいどういう種類の作業に強い関心と意欲を持っていたかを推測する上で示唆的である。まず一方の壁の前に、作業台がいくつか、壁を背にして並べてある。まるで、大きな一枚板でつくった作業台みたいだ。その上の、ちょうど真ん中あたりに製めん機が置かれ、それをとり囲むようにめん棒や什器が並んでいる。そして一番奥の隅に置かれたガスコンロの上には、小さな小屋には不釣り合いに大きくて、真っ黒な中華なべが鎮座している。

そうした配置全体の中心は明らかに、小麦粉をこね、めんをつくる作業台であり、そして製めん機である。開発努力の焦点が、疑いなくめんづくりに集中している。

安藤宏基は、百福によるその当時の開発作業を回想して次のように書いている。

私は小学校の四年生だった。開発作業をずっと横で見ていた。寝ても覚めても何か考えているようだった。庭に作った小屋がけの研究室で、夜中まで研究に没頭していた。子供心に、いったい何をやっているのだろうと不思議だった。

大阪の道具屋筋で買ってきた小さな製めん機でめんを作っていた。それを蒸して、チキンスープを染み込ませて、油で揚げる。それだけの作業を試行錯誤しながら何度も何度も繰り返していた。庭には捨てられたぼろぼろのめんくずが山のように積まれていた。(16)

発明の一年は、めんづくりに集中した一年だった。めんづくりは困難を極めた。お湯をかけるだけで食べられる簡便性の実現のために、めんにあらかじめスープを染み込ませた「着味めん」を目指していたのも、開発を困難にした。しかし困難に直面しても安藤百福自身は決して妥協しない。開発の基本コンセプトに徹底してこだわり、「執念」を持ってそれを追究するのが百福の

流儀だ。常人との違いは、その「執念」のすさまじさだ、と安藤宏基は述べている。(17)

4　安藤百福が創ったもの

五つの目標

発明の努力を始めた頃の安藤の日課は、決まって早朝の五時には寝床から起き出して、すぐに小屋に行き、その中に一日中こもって、真夜中になるまで作業する、というものだった。睡眠時間は毎日四時間ほど。ひたすら研究に没頭するこのような日課を、結局のところ丸一年間、一日の休みもなく続けることになる。とにかく初志貫徹の強い意志で、集中力を切らさずに、一心不乱に開発に打ち込んだのだ。

そもそも何を開発すべきなのか。開発にあたって、安藤は改めて五つの目標を書いた。目指すものは何かを頭ではわかっているつもりでも、敢えてシンプルに書き、眼前に掲げることによって、毎日のルーティンの中で具体的な到達イメージを繰り返し確認したのだろう。書き留められた目標が次の五つであることは、よく知られている。

第一に、おいしくて飽きがこない味にする。

第二に、家庭の台所に常備できる保存性のあるものにする。

第三に、調理に手間がかからないようにする。

第四に、値段を安くする。
第五に、安全で衛生的なものにする。(18)

トレードオフを含んだ目標

一つひとつがシンプルに書かれてあるので、これを読んだ人は、達成が容易な目標だとつい勘違いしやすい。しかし列挙された目標は、いずれも「言うは易く行うは難し」の典型である。

例えば第三の目標「調理に手間がかからない」を、安藤は「お湯を注げばすぐに食べられる」ことだと考えた。しかしどうしたら実現できるか、その方法を見つけるのは簡単ではなかった。

そのうえ、五つの目標にはトレードオフが含まれている。あちらを立てればこちらが立たずで、両立が難しく、すぐにジレンマに陥ってしまうのだ。そうしたジレンマを含む難しさの端的な例を一つだけ挙げれば、第二の「保存性の目標」と第三の「調理の簡便性の目標」がある。保存性と簡便性の同時達成は一般に容易ではない。

めんの長期保存を可能にするには、そうめんのようにめんを乾燥させればよい。そこまでは誰でもわかる。だが、乾燥してカチカチになっためんは、早く復元できない。だから、保存できる乾燥めんを用いて、しかもお湯を注いですぐに食べられるような簡便な食品にするにはどうすればよいかが問題で、これが難問だった。

「保存性と簡便性の同時達成」と書いたが、ここで目指していたのは、それ以上に高い目標である。なぜなら、より正確を期して書くと、保存性と簡便性を同時達成し、しかもおいしくて飽きがこない味を、安価かつ衛生的に実現することだったからだ。この目標達成には、乗り越えなければならない高い壁があった。

瞬間油熱乾燥法

解決のヒントは身近なところにあった。あるとき台所で妻が天ぷらを揚げているのを何気なく見ていて、ひらめいたのだ[19]。

めんを高温の油に入れる。すると、水と油は相いれず温度差もあるから、めんに含まれていた水分が外にはじき出され、めんは瞬間的にほぼ完全乾燥した状態になる。半年間置いても変質・腐敗することのない保存性を、あっという間に獲得したのである。同時に、水分が抜けた後には無数の穴が開いている。穴だらけの乾燥めん！　この穴だらけの乾燥めんに、今度は熱湯を注ぐ。すると、たくさんの穴からお湯が吸収されて、あらかじめめんに染み込ませたチキンスープがすぐに溶け出し、めん塊はほんの数分間でもとの軟らかい状態に戻っていく[20]。

のちに「瞬間油熱乾燥法」と名づけられ[21]、特許登録された基本的な製法技術が発明されたのである。天ぷらから発想を得たこの発明こそ、保存性と簡便性という二つの技術課題の同時解決を可能にしたものである。ヒントは身近なところにあったのであり、日常的に誰もが見ているものの中に発明の鍵があったのだ。いや、もう少し正確にいうと、日常的に誰もが見ているものの中からヒントを感じ取れるだけ、その当時の安藤は、問題意識が研ぎ澄まされ、感受性が鋭敏になっていたのだろう。

「待ち受ける心」

世界的な細菌学者、ルイ・パスツール（Louis Pasteur, 一八二二〜一八九五）は、「幸運は待ち受ける心にだけ味方する」（Chance favors only the prepared mind）と言ったと伝えられる。これはまた「準備しない人にチャンスは訪れない」とも言い換えることができる。名言である。

科学的発見や技術の発明の場では、あるいは経営実務の問題解決一般の場においても、当事者が事前に予期しない偶然や奇遇、あるいは論理的に説明できないことが起き、それが作用して発見や発明、問題解決に成功したという報告例[22]が多い。しかしそのような偶然はランダム（無作為）に起きるわけではない。日頃から問題意識を鍛え、探究心を持って生活している者にのみ、幸運がほほ笑むのである。

その意味では、安藤百福は好例である。睡眠時間を惜しんで開発に集中していた安藤は、まさに「待ち受ける心」を持って、毎日開発に取り組んでいたのであり、それゆえに発明に直結したヒントを得る幸運にも恵まれたのだろう。

ラーメンであってラーメンではない

瞬間油熱乾燥法という製法の発明は、保存性と簡便性という二つの技術課題の同時解決を可能にした。しかしそれだけではない。重要なのは、この発明によってさらに、インスタントラーメンが独特の風味を獲得したことであり、この点の洞察が重要である。

即席めんの独特のおいしさが、実はこの油熱乾燥に由来することを、生前の安藤はよく強調していたという。パンやジャガイモにバターが合うように、もともと穀物と脂肪とは相性がいい。即席めんも小麦粉を油で揚げることによって、独特の香ばしさが生まれた、と安藤は洞察していたのである。

街のラーメン屋のラーメンと一線を画すのは、まさにこの点である。どちらがおいしいという問題ではない。二つは違う食べ物だ――と当の安藤はずっと考え、この考えは死ぬまで変わらなかった。[23]

安藤百福自身のこの考えに私は賛成である。食文化史研究家の岡田哲著『ラーメンの誕生』の表現を借りて言えば、インスタントラーメンは「ラーメンであってラーメンではない、新しい食品」なのだ。[24]

同じことを言い換えると、安藤百福が創ったのは、街のラーメン屋のラーメンとの比較が意味をなさない、絶対的価値を持った「新しいラーメン」なのだ。それゆえに今や、発明家・安藤百福は「新しいラーメンを創った男」と呼ぶべき存在なのである。

5　絶対価値のつくり込み

敢えて実行しなかったこと

発明小屋の中で集中力を持って進められたインスタントラーメンの開発は、前述したように困難を極めたが、それはそれとして、開発過程で安藤が意識的に実行したことと実行しなかったことを区別すれば、安藤が敢えて実行しなかったことが注目に値する。

安藤が敢えて実行しなかったこと、それは発明途上にあった彼のいわば仕掛り品と、それが売り出された場合に競合が予想される既存の代替品や類似品、具体的にいえば、街の食堂やレストランで提供されるラーメンや、うどん、そばなどと比較するとか、あるいは家庭で用いられる生めんや乾めんと比較するとか、そういった作業である。安藤の場合、そういう比較をした節が全然ないのだ。

安藤の発明プロセスを子細に検討すると、発明を目指しているインスタントラーメンを、街の食堂やレストランで出てくるラーメンやうどん、そばなどと比較し、あるいは最寄りの小売店やスーパーで買い求めて各家庭で利用する生めんや乾めんと比較し、みずからの発明品をそれら既存商品から差別化しようとする努力をした形跡が基本的には見られないのだ。競合が予想されるそれら既存商品を買い求めて、試食し、あるいは一つひとつの商品の特徴を精査・分析または比較衡量するといった、要するに比較論的な作業が全く行われなかったようなのだ。

実にこの点にこそ、安藤百福の発明行為の、重大な特異性の一つがあると私は考えている。なぜか。彼自身の関心が、すでに存在する何かの商品の改善・改良ではなく、新しい絶対的な価値を持った即席ラーメンの発明に集中していたからだ。というよりも、体系的な知識を持たない素人の強みで、脇目もふらず、一心不乱に、ただ創りたいものを創る、その一点に集中していたと言ったほうが、事実に沿った正確な表現なのかもしれない。安藤の発明行動の特徴は、まさに一心不乱派のそれなのだ。

チキンラーメンの試作品を見せられて、流通関係者など商品知識を持っていると自負する専門家／玄人は既存商品と比較する。生めんのうどんが一玉六円、乾めんでも二五円の時代である。競合が予想される既存商品と比べて「三五円は高い」「これでは商売にならない」と言って、「売れない」と頭で決めつけたのである。[25]

絶対価値の追求

改めて確認すれば、安藤には、既存のラーメンやうどんやそばを「本物」とみなし、それとの対比で、利便性が高いか値段が安いか、あるいはその両方を兼ね備えた「代用物」を発明するという発想は、全くと言ってよいほどなかった。

このような発想がもしもあったとすれば、その場合には、既存のラーメンやうどん、そばなどが本物としてまず措定され、それに近似するがしかしあくまでも本物の代用品としてのインスタントラーメンが誕生することになる。

この場合のインスタントラーメンの存在意義は、中心的には、調理が手早くできるという簡便性か、値段が安いという経済性か、そのいずれか、あるいはその両方の組み合わせであろう。インスタントラーメンに、本物から独立した、独自の味わいがあり個性がある場合があるかもしれない。しかしそれは、あっても限定的で、本物が持つ優位性は基本的には消えないのではないか。なぜなら、その場合のインスタントラーメンの価値は本物との類似性に由来し、あくまでも本物の価値に従属した相対的価値になるからだ。

何かの既存商品の手早い代用品をつくるという営みは、当該既存商品との比較で出てくる相対的価値の実現を意味する。安藤の関心は、そうした意味での相対的価値の実現ではない。われわれの見るところ彼はむしろインスタントラーメンそれ自体の絶対的価値の創造に集中していたのだ。

それゆえに発明の過程で既存商品との比較が軽視あるいは無視されるのは、安藤にとっては極めて自然なことだった。安藤がみずからに課した「絶対的価値の創造」を目指す発明過程では、一定の既存商品を参照点とし、それに比べて「より良い」あるいは「より悪い」と比較することは全く意味をなさないからである。

なお参考までに、イノベーション論では、安藤が追求したタイプのイノベーションを、新しい価値の創造を本質とするイノベーションという意味で、「価値イノベーション」(value innovation)と呼び、価値イノベーションの結果として生み出される市場を「ブルーオーシャン市場」(blue-ocean market)と呼んでいる。[26] そして、ブルーオーシャン市場の形成を目指す戦略が「ブルーオーシャン戦略」(blue-ocean strategy)である。

ブルーオーシャンは、新しい豊かな海の意である。そこでの競争はプラスサムであり、付加価値の創造が競われる。このブルーオーシャンの対極にあるのがレッドオーシャンで、こちらは多くの競合(ライバル)がゼロサム・ゲームを戦い、生死をかけて競い合う、血みどろの競争世界である。

ブルーオーシャンをめぐる一連のイノベーション論は、既存の競争戦略論を批判するかたちで登場してきた。既存の競争戦略論は限られたパイの奪い合いを論じるだけで、明るい未来へわれわれを導くものでは必ずしもないという批判である。

6 カップヌードル開発への執念

二つのプロジェクトの概略

ここではまず、二大商品の開発(発明)の経緯を称してプロジェクトと呼び、便宜的に番号をつけて、それぞれ「プロジェクト#1」「プロジェクト#2」と表記することを提案したい。す

なわち、

ラベル	商品名	開発（発明）年	安藤の年齢
プロジェクト＃1	チキンラーメン	一九五八（昭和三三）年	四八歳
プロジェクト＃2	カップヌードル	一九七一（昭和四六）年	六一歳

次に、前記二つのプロジェクトにおける開発の流れの概略を改めて確認しておきたい。

〈プロジェクト＃1〉発端は、屋台のラーメン屋に並ぶ行列を見たことと、厚生省で役人と交わしたやりとりで、いずれも終戦後数年以内のことである。これら二つの思い出が安藤の心にずっと引っかかっていた。が、そういった宙ぶらりんの状態、あるいは「空白の歳月」がなお十余年続く。その十余年はそれ自体、紆余曲折の人生の多忙な日々である。そして突然無一文になり、訪れる人もいない様変わりした環境のもと、安藤の瞬時のひらめきで、ずっと忘れずにいたインスタントラーメンの開発を決意。脇目も振らず発明に没頭した「集中の一年」を経て、一九五八年、チキンラーメンの発売へ。

〈プロジェクト＃2〉カップヌードルの開発につながる最初の重要な出来事は、安藤による一九六六（昭和四一）年の欧米視察である。チキンラーメンを試食したアメリカ企業のバイヤーが、めんをカップに入れ、フォークで食べるのを見て、貴重なヒントを得る。一九六九年にカップヌードル開発がスタート。プロジェクトチームが編成され、チームとしての活動が成果を上げるが、主役は依然安藤百福である。それから二年後の一九七一年に、カップヌードルが国内で発表・発売。一九七三年にはアメリカで発売開始。

カップヌードル発売の戦略的狙い

さて、カップヌードルが一九七一（昭和四六）年に国内で発売された時、その戦略的狙いは主に三つあったと考えられる。第一は、一九六〇年代後半以降成熟化傾向が顕著になったインスタントラーメンの国内市場を再活性化し、成長軌道に乗せることである。そのためには、新たな製品カテゴリーを切り拓くような、インパクトのある新製品がほしい。第二は、インスタントラーメンの国内市場の中に初めて高価格・高付加価値セグメントを形成し（言い換えるとプレミアム系の高級ブランドを創造し）、産業の成熟化同様に進行していたコモディティ化[27]（＝日常品化、低価格競争の激化）の傾向を抑え、またはそれを打破することである。そして第三は国際化への挑戦であり、本格的な国際商品ないし世界商品を創ることである。カップヌードル投入の元々の主眼はこの点にあったはずである。

この中で、国際化への挑戦は、日清食品の中ではずいぶん昔から始まっていて、例えばチキンラーメンの国内発売開始前の、一九五八年の春（四月から七月の間と推定）に、すでにその試作品がアメリカへ輸出されていた事実がある。[28] これはたまたま貿易会社の知人経由で、五〇〇ケース（一万五〇〇〇食）の注文をアメリカから受け、それに応えたという「小さな話」にすぎない。しかしそれでもこの一件は、チキンラーメンの開発時にそれを国際商品化する試みがあったこと、チャンスがあれば国際商品にしたいという願望はプロジェクト#1の中にすでに含まれていたことを示唆している。

カップヌードルの開発へ与えた影響の大きさという点では、安藤による一九六六年の欧米視察が決定的に重要である。チキンラーメンを持って訪れた会社で貴重な発見とヒントを得たからだ。

食習慣の壁

アメリカの訪問先で会った何人かのバイヤーに、安藤は、持参したチキンラーメンの試食を頼んだ。彼らは袋からめんを取り出し、それをカップに割り入れて、湯を注いでフォークで食べた。食べ終えた時に、そのカップをごみ箱にぽいと捨てた。

これを見た安藤は、その時初めて、欧米人は箸とどんぶりでは食事しないという、単純明快な事実に気づく。[29] それまで「おいしさに国境はない」と考えていたが、越えるべき食習慣の壁が存在していたのだ。

もう一つ、即席めんを世界商品にするには、めんをカップに入れてフォークで食べられるようにすることだ。そう思い決めて、カップヌードルのプロジェクトをスタートさせたのである。

カップヌードルの開発が、社内の若手エンジニアを中心とするプロジェクトチームによって推進されたことはすでに述べた。開発過程で出くわした難問の数々、それを克服した創意工夫、「主役」としての役割を果たした安藤の貢献についても説明済みであり、ここでは繰り返さない。

チキンラーメンとカップヌードルの、二つのケースを比較した時、両者の間の大きな違いは国内における初期需要の立ち上がり方である。前者のケースでは、ロケットのように離陸した。後者のケースでは、発売当初しばらくの間苦戦が続き、そののちに需要が爆発した。当初の苦戦は、袋入り即席めんが二五円で安売りされている時代に一〇〇円という高い価格設定であったため、流通業者が販売に非協力的だったからだ。そして需要の爆発に火を着けたのは、周知の浅間山荘事件でありそのテレビ報道であったことは、今や語り尽くされたエピソードであり、これ以上の説明は省略する。[30]

カップヌードルの成功は国内市場に新たな活力をもたらし、インスタントラーメンの国際化にも寄与した。このうち、国内市場へのインパクトについては、前掲の木島実「インスタントラーメンの開発と企業発展」[31]の中に詳細分析があり、そちらを参照されたい。

国際化との関連では、カップヌードルは一九七一年の国内発売、一九七三年の米国発売、さらにはその後も、世界市場開拓の先駆的商品としての役割を一貫して担ってきた。カップヌードル

1965年頃の執務風景。この4年後にカップヌードルの開発に着手

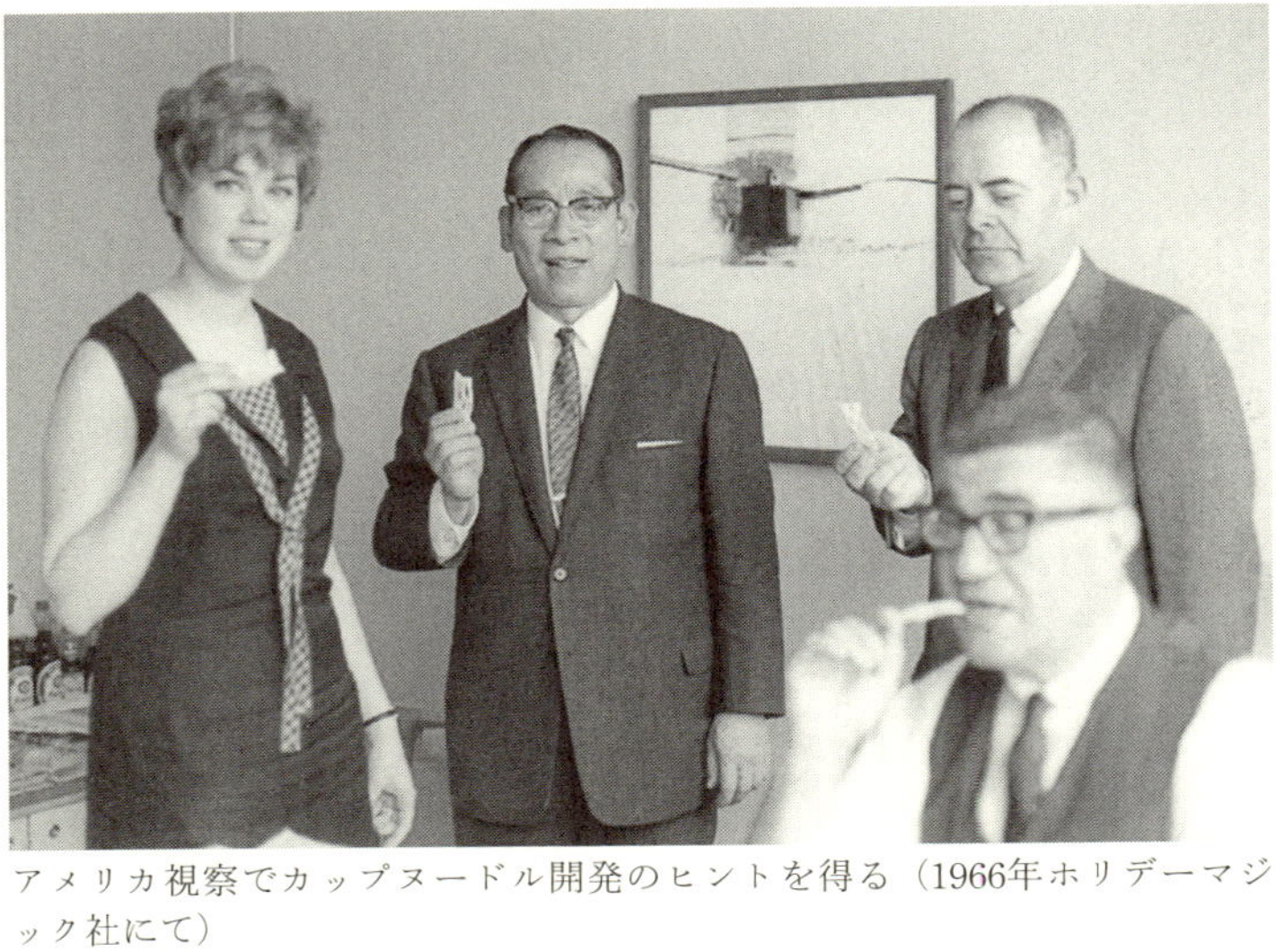

アメリカ視察でカップヌードル開発のヒントを得る（1966年ホリデーマジック社にて）

だけではない。国や地域、または文化の違いを投影した多彩なカップめんが、食習慣の違いを超えて、世界中で食されている。お湯を注げばいつでもどこでも食べることができるからだ。世界の国々の、インスタントラーメンの毎年の消費（需要）量については、ＷＩＮＡ（World Instant Noodles Association; 世界ラーメン協会）のホームページを参照されたい。

年齢と動機

省略せずに、繰り返し書き留めておきたいこともある。例えば、チキンラーメンの開発は安藤四八歳、カップヌードルの開発は安藤六一歳の時である。両方とも、決して若くはない年齢である。こんなにシニアになられてから、かくもインパクトの大きな発明を思い起ち、完成度の高い新商品を開発できたのはなぜだろうか。チキンラーメンによるインスタントラーメンの発明だけでも大変な偉業なのに、それにとどまらず、安藤をしてさらにカップヌードルによるカップめんの発明にまで向かわせたものは何だったのか、という疑問がある。さらにまた、高齢にもかかわらず完成度の高いかたちで、プロジェクト＃2が完遂された理由は何であり、どうしてそういうことが可能になったのかにも好奇心が湧く。

以上の疑問に対する私の答えは以下の通りである。第一に、プロジェクト＃1に従事していた時、すなわちチキンラーメンの開発に集中していた時にすでに、国際化可能な商品の開発は、その当然の目的であり願いであって、プロジェクト＃1の中に含まれていたことである。

しかし第二に、#1の成果たるチキンラーメンは食習慣の壁にぶつかり、課題が出たので、より本格的な国際商品・世界商品を目指して組まれたのがプロジェクト#2であることである。言い換えると、#1は国内向け、#2は国際化対応と、プロジェクト・ミッションが互いに切り分けられていたというよりも、#1の進化版が#2だとみる洞察のほうがより本質的だという主張である。国際化対応の視点から見る限り、#2は、#1の改訂版プロジェクトであり見直しプロジェクトなのだ。

第三に、以上の事情から、組織的開発体制が組まれたとはいえ、安藤自身がプロジェクト#2の当事者として、他人任せにはできない、責任を負った立場であると自覚し、またその完遂を強く動機づけられていたことは想像に難くない。

かてて加えて、安藤は年齢規範との関係で偏狭かつ固定的な「べき論」を持たない自由人である。この点との関連では、チキンラーメン開発の目途が立ち、発売直前のタイミングでのやりとりを述べた次の一文は示唆的である。

この時安藤は四八歳だった。「遅い出発ですね」とよく言われるが、いつも「人生に遅すぎるということはない。五〇歳でも六〇歳からでも新しい出発はある」と答えた。(32)

偏狭で固定的な年齢規範とは一線を画する安藤の立ち位置が、この一文の中には鮮明に出ている。このような安藤の考え方及び、すでに指摘したプロジェクト相互の位置関係を前提にすると、合理的な推論として、安藤が二つのプロジェクトの完遂に強く動機づけられ、なかでもプロジェクト#2の完遂に対してことさらに強い動機を持っていた、ということができる。重要なのはこの点であり、年齢などほとんど関係がなかったのである。

（1）初回放送二〇〇一年一〇月一六日。なおこの部分の記述は、放送された番組をベースに制作・発行されたDVD版（制作：日本放送出版協会、二〇〇一）及びコミック版（原作・監修＝NHKプロジェクトX制作班、作画・脚本＝加藤唯史、宙出版、二〇〇二）にもとづいている。

（2）日清食品株式会社社史編纂プロジェクト編［二〇〇八］、『日清食品50年史 1958-2008』（同社）。三六ページ注で述べたようにこの社史は三分冊となっており、第二分冊の「日清食品50年史・創造と革新の譜」三三ページより引用。

（3）安藤百福発明記念館編［二〇一三］、『転んでもただでは起きるな！——定本・安藤百福』（中公文庫）四三〜四七ページ。

（4）同前四六ページ。

（5）同前四八ページ。

（6）ジョージ・ソルト著、野下祥子訳［二〇一五］、『ラーメンの語られざる歴史』（国書刊行会）五九ページ。

（7）前掲『転んでもただでは起きるな！——定本・安藤百福』三六ページ。

（8）同前三八ページ。

（9）同前二五〜四七ページ参照。

（10）同前四八ページ。

(11) 榊原清則［一九九六］、『美しい企業醜い企業』（講談社）三五～三六ページ。
(12) 安藤宏基［二〇一〇］、『カップヌードルをぶっつぶせ！――創業者を激怒させた二代目社長のマーケティング流儀』（中公文庫）六二～六三ページ。
(13) 前掲『転んでもただでは起きるな！――定本・安藤百福』一一一ページ。
(14) シリコンバレーの最初の起業事例であるヒューレット・パッカード（ＨＰ）社が誕生した建物と伝えられる小さな車庫が、昔のままに住宅地の中に保存されている。
(15) 前掲『転んでもただでは起きるな！――定本・安藤百福』四九ページ。
(16) 前掲『カップヌードルをぶっつぶせ！』六三ページ。
(17) 同前二四ページ。
(18) 前掲『転んでもただでは起きるな！――定本・安藤百福』四九～五〇ページ。
(19) 同前五二ページ。
(20) 同前五二～五三ページ。
(21) 同前五三ページ。
(22) 榊原清則［二〇〇五］、『イノベーションの収益化』（有斐閣）七三ページ以下。
(23) 前掲『転んでもただでは起きるな！――定本・安藤百福』五三～五四ページ。
(24) 岡田哲［二〇〇二］、『ラーメンの誕生』（ちくま新書）一八〇ページ。
(25) 前掲『転んでもただでは起きるな！――定本・安藤百福』六〇ページ。
(26) 発端となった文献は、Kim & Mauborgne［一九九七］である。Kim, W. Chan, and Renée Mauborgne, "Value Innovation: The Strategic Logic of High Growth," *Harvard Business Review*, January-February 1997, pp. 102-112.
(27) 一般にコモディティ化とは「参入企業が増加し、商品の差別化が困難になり、価格競争の結果、企業が利益を上げられないほどに価格低下すること」を意味する。延岡健太郎・伊藤宗彦・森田弘一［二〇〇六］、「コモディティ化による価値獲得の失敗」榊原清則・香山晋編著『イノベーションと競争優位』（NTT出版）二四〜二五ページ、一四〜四八ページ。

(28) 前掲『転んでもただでは起きるな！――定本・安藤百福』五七ページ。

(29) 同前七八ページ。

(30) 同前八八〜九一ページ。

(31) 前掲「インスタントラーメンの開発と企業発展」一六三〜一六五ページ。

(32) 前掲『転んでもただでは起きるな！――定本・安藤百福』五八ページ。

Ⅲ 〝素人性〟とイノベーション

1 発明の方法論

インテルとの相似

安藤百福の発明行為の特徴を考えていて、私はある時、アメリカのインテルで強調されている取り組みとそれとが類似していることに気づいた。インテルといえば、世界最大規模の半導体メーカーである。

ここで言いたいことは、チキンラーメンとカップヌードルの発明に結実する安藤の営みを、問題解決過程としてみると、それはインテル社内の取り組みと似ているということだ。

もう少し具体的にいうと、インテル社内で「最少情報原則」(the principle of minimum information) と呼ばれるものが、この場合の焦点であって、安藤の取り組みはその原則の実践事例として解釈できるということである。最少情報原則は、知識生産的に見て実用的で効率的な問題解決過程を目指す、インテル独自の提案であり実践である。

結果志向の問題解決

世界最大の半導体メーカーであるアメリカのインテルは、半導体メモリの代表的デバイスであるDRAM(1)や、汎用パソコンの心臓部とも言うべきMPU（マイクロプロセッサ(2)）を発明した会社であり、画期をなす半導体チップの発明を通じて成長してきた、文字通りの革新的企業として知られる。その基盤に、研究開発への熱心な取り組みがある。

そのインテルには、創業者の一人であるロバート・ノイス（Robert Noyce, 一九二七〜一九九〇）が唱えた「最少情報原則」と呼ぶものがあり、社内の研究開発はこの原則に則して進められている。

インテルにおける「最少情報原則」とは、問題解決に対するアプローチの方法を示すもので、問題に直面したらまず、その答えに見当をつけることから始める。見当をつけたら、すぐにその方向で行けるところまで行く。これで問題が解決しない場合は、元に戻り、別のやり方で必要なだけ調べる。

この進め方においては、問題を真に理解するための研究努力の体系的積み上げや、学会で発表できるほどの、緻密で順序だった、ステップ・バイ・ステップの解決法の模索は、基本的には行われない。解決に必要な情報は少ないほどよいとする考え方が、その基盤にある。

「最少情報原則」は、生産拠点の中で研究開発を行うという、これもまたインテル独特の、研究開発と生産とを同一の場所で行う「立地共有」(co-location) ポリシーによって、その強みが活きてくる。様々な試行錯誤の実験の場として、現実の生産ラインを活用することがいつでも可能だからだ。また、定められた時間内で研究開発の効率を追求するというこの原則のもとでは、必要以上にアイデアが生み出されることもない。すなわちそれは、全社的な研究開発効率、つまり投入産出比で計算される研究開発生産性を高めることにもつながる。

シリコンバレーのベンチャー企業の間では異例なほど、インテルからスピンオフした企業は少なかった。なぜか。知的財産管理が巧みで厳しかったからというのは、考えうる一つの答えであるが、それとは別に、前述の最少情報原則が関係しているという指摘がある。最少情報原則のおかげで、皮肉なことに、余剰化した未利用のアイデアはインテル社内にはほとんど残っていなかったからである。

以上に紹介してきた、問題解決にあたってのインテルの取り組み方をベースに考えると、インテルという会社は、一流大学のエリート卒業生にとっては必ずしも魅力的な会社ではないとの指摘がある。IBMのような東海岸の伝統的巨大企業で許されるごとき自由と、そこで享受できる知的刺激や科学的発見の興奮とは異なり、インテルは研究員に六カ月間の工場勤務を課し、その後も製造部門との密接な関係を要求する。新しい知識の生産よりもその利用にウエイトが置かれる時、一流人材の確保は容易ではない。この問題に、優良企業のインテルといえども無縁ではな

完成したカップヌードルを前に

いようである。

結論として、安藤百福の発明行為との関連で、ここで言いたいことは、チキンラーメンとカップヌードルの発明に結実する安藤の営みを、一つの問題解決過程としてみると、それはインテルの取り組みと似ていて、最少情報原則の実践事例として位置づけられるということである。最少情報原則が示唆する意味での、知識生産的に見て実用的で効率的で、なおまた発見的でもある問題解決過程が、そこには認められるのだ。

インテルと日清食品という、アメリカと日本の、半導体産業と加工食品産業に各々所属する、一見するところ類似性のない二つの経営事例の間に、しかし知識生産的に見た問題解決過程の特徴に関して共通性が認められるということは、この二社がともに顕著な発明履歴を持っているという事実と結びつけて考える時、おおいに示唆的である。少なくとも経営実務の現場での問題解決手法において、最少情報原則に代表される、結果志向で、直観的で、ヒューリスティックな簡便法が、アカデミックな整然と体系立った方法よりも、発明へと結実し、初期の目標に合致した成果獲得につながる場合があるといえるのかもしれない。

スピードと異能

それにしても、代替案を考慮せず、直観的に攻め口を決めて、拙速で行ける所まで行くという、大胆なアプローチには驚くばかりだ。そういう大胆なアプローチが、太平洋を挟んでその両側に立地する、互いに類似点がない二社によって実践され、成果を上げているとすれば、愉快なことではあるまいか。

愉快なだけではない。考えようによっては、経営の重要課題と経営者の特徴の二点で、この二社には類似点があると主張できるだろう。第一にスピード経営が重要課題である点で二社は共通である。インテルの場合、「ムーアの法則[3]」が支配する半導体ビジネスでは「俊敏さ」(agility)が重要だということは説明を要しない。発明企業・日清食品にとって、先行開発の成功は勝利の方程式である。第二に、経営トップが「並の人でない」点でも二社は共通である。一方の主役であるインテルのロバート・ノイスは、MIT(マサチューセッツ工科大学)で博士号(物理学)を取得した、サイエンス・バックグラウンドを持った経営者である。シリコンバレーのスター経営者として、経営実績も高い。他方の主役である安藤百福は二つの発明を成し遂げ、世界に広がる新産業を興した「異能の人」である。二人とも、並の人ではない。

要はこういう、いわば特別の人を経営トップにいただき、ともにスピード重視を経営の優先課題に掲げている場合には、ここで述べた大胆な方法論は、少なくとも試してみる値打ちがあるのかもしれない。しかし前提として挙げた二つの条件を満たす事例は、現実にはそれほど多くないようにも思われる。

2　安藤百福の〝素人性〟

料理の経験

安藤百福は三五歳の時に結婚している。独身の頃は自炊生活が基本で、食材を買い揃え、自分で料理することが多かった。そのおかげで、第一部でも紹介したように「私がコックか板前になっていても、第一級の料理人になっていただろう」と自負するほど、安藤は料理に自信を持っていた。「料理のでき上がりを見れば、およその調理法は察しがつく」と自慢するほど、安藤が料理の腕を上げたことは事実らしい。独身時代のこの自炊経験と、それから得た自信が、のちのインスタントラーメンの発明においておおいに役立つこととなる。

とはいえ安藤は、めんについて特殊な専門知識を持ち合わせていた人ではない。めんにかぎらず、料理全般に関して、体系立った教育を過去に受けたことも、専門家や職人のもとで修業を積んだことも全くなかった。その意味では、間違いなく素人に属する人であったといってよい。

事業家としての安藤は様々な事業を手がけ、才気煥発、失敗もしたが多くの事業で実績を積んできた人である。しかし食品製造業関連では短期間、製塩業を営んだ経験（一九四六～四八年）があるのと、栄養食品の開発を目指して「国民栄養科学研究所」を設立（一九四八～五一年）したのが主だったもので、それ以外にはまとまった事業経験を持っていなかった。

徒手空拳で現場に飛び込む

安藤はしかし、どういう分野であれ、新しい事業に取りかかる時に、経験がないとか知識がないとか言って怖がったりしない人である。いつも予断を持たず、偏見も持たず、文字通り徒手空拳で現場に飛び込んでいく。何事も自己流で事にあたり、百聞は一見に如かずで、自分自身でまず現場に行き、そうして直面している問題の実態を直観的につかみ取り、自分の手で触り、足を使って動き回り、そして問題解決に何とか成功し、多くの場合成果を上げてきた。実業家として、優れた現場主義者だった。

かてて加えて、昔から面白いテーマが見つかると、われを忘れて没頭してしまうところが安藤にはある。子供のような没頭癖。没頭して、バランスを崩してしまい、それで失敗したこともあるが、即席めんの開発は、その開発ストーリーが示す通り、安藤の没頭癖がもたらした一大成功事例である。安藤百福は、失敗事例も含めて何事も、自分の手で触って確かめずにはいられない人であり、逆に言うと、デスクワークで得た知識だけでわかった気になったりはしない人なのだ。

井深大著『わが友 本田宗一郎』

ソニー創業者の井深大が書いた『わが友 本田宗一郎』という本がある。コンパクトな本である。その中で井深は、畏友・本田も、そして井深自身もまた、「ふたりとも、厳密にいえば技術の専門家ではなく、ある意味で〝素人〟だった」という興味深い発言をしている。安藤百福の〝素人性〟と共通する点があるように思い、ここで、『わが友 本田宗一郎』のごく一部を抜粋・紹介させていただきたい。

よくいわれるのですが、私たちふたりは、性格的にはまったく正反対といってもいいくらいのところがあります。(中略)おつきあいが四十年間もつづいたのは、やはりそれぞれが目指すところというか、ちょっと大げさにいえば、その哲学・考え方に大きく共通するところがあったからでしょう。(4)

技術者として、本田さんと私(井深大のこと、以下同—引用者注)とのあいだに共通していたのは、ふたりとも、厳密にいえば技術の専門家ではなく、ある意味で〝素人〟だったということでしょう。(5)

技術者というのは、一般的にいえば、ある専門の技術を持っていて、その技術を生かして仕事をしている人ということになるでしょう。しかし、私も本田さんも、この技術があるから、それを生かして何かしようなどということは、まずしませんでした。最初にあるのは、こういうものをこしらえたい、という目的、目標なのです。それも、ふたりとも人真似が嫌いですから、いままでにないものをつくろうと、いきなり大きな目標を立ててしまいます。(6)

本田さんも私も、目的を達成しようという執念がひじょうに強い。目的のためには、どんなに無茶苦茶に見える手法であろうと、取り入れられるものはなんでも取り入れるのです。その意味で、技術的には専門家でも玄人でもなく、まったくの〝素人〟なのです。

しかし、〝素人〟がこうして、ひとつひとつ苦労して自分自身の手でつくりあげていくからこそ、人真似でないものができるし、人が真似をできないものがつくれるのです。(7)

多くの人に喜ばれるもの、多くの人を幸せにするものを、ということを、何をつくるにしても、つねに第一に置いていたのが本田さんでしょう。(8)

その本田さんを高く評価したのが、アメリカです。一九八九年十月に、アメリカの自動車殿堂入りという、日本人ではじめての名誉を本田さんに贈りました。(9)

本田さんは、正規の学校教育はあまり受けていませんが、なまじな教育を受けた人より、よほどすぐれた見識、洞察力を持っておられました。これは、手を傷だらけにしても、本田さんが自分で実際に試していくなかで、身につけていったものなのでしょう[10]。

熱心な探究心と、細かい観察眼――これが、本田さんの「試したり」を成功させてきたものだと思います（後略）[11]。

本田さんも私も理屈で考えずに、「よさそうだ」と、なにかカンというか、直感的にひらめいたことには、パッと飛びついていくところがあります[12]。

本田さんにしても私にしても、ひとつのことを成功させるために、ずいぶん失敗をくり返しています。その失敗のひとつひとつが、アイデアやひらめきを生む〝材料〟になってくれるのです。

本田さんは、くり返しくり返し、失敗の大事さを説いていました[13]。

独創と〝素人性〟

どれもみな、日常の機微にふれたエッセー風の読み物に見えて、中身は実は本質論なのである。そして、これを読みながら、本田宗一郎と井深大の二人に共通に見られるという、よい意味での〝素人性〟が、そのままさらに安藤百福にも観察可能だと感じるのは私一人ではないだろう。

その場合、ここで素人とはどういう意味だろうか。素人の対比概念は、ここでは専門家である。では、この場合の専門家とはどういう意味だろうか。前記で言及されている範囲内で、重要な特徴と思われるところをピックアップし、書き留めておこう。まずは、特徴づけのやさしい専門家の意味から。

専門家とは、ここでは一定の専門性を持ち、その専門性を活かして仕事をしている人たちである。こういう人たちは、高水準の学校教育を受けた人が多く、ものごとを理屈で考え、デスクワークで処理する傾向がある。また失敗経験に乏しく、自分の手で確かめるということが少ない。

これに対して、ここでいう素人の場合には、井深大も本田宗一郎もそうだったように、こういうものをこしらえたい、今までにないものをつくりたい、という目的、目標が最初に出てくる。まず目的（目標）ありきで、いきなり大きな目的を立ててしまう。常套的手順を踏まないので、素人の場合、そういうことが普通に起こりうるのだ。

目的達成への執着は、非常に強い。そのため、専門家の目では無茶苦茶に見える手法を取り入れることもある。常套的手法によらない、こうした取り組みの結果、模倣困難なものがつくられる可能性が生まれる。

このような人の場合、学校教育より、実地体験で身につけた洞察や見識が強みである。理屈で考えず、カンやひらめきで、パッと飛びつくところがある。

このような素人は、多くの失敗体験を持つのが普通であり、それがまた貴重である。なぜなら失敗体験は、アイデアやひらめきを生む材料になるからだ。

以上のメモは、井深大が本田宗一郎と自分自身とに見出した〝素人性〟の共通項の要約であるが、同じものはさらに安藤百福にも見出すことができる。安藤は、①自分が創りたいものをまず目的として掲げ、②その際に常套的な手順／手法は用いず、また専門家の言を鵜呑みにはせず、③自分の目と耳で集めた現場情報を重用する点で、井深・本田と同じ〝素人性〟を共有しているからだ。本田・井深と同様に、失敗を繰り返し経験してきたことが後々役立ったと実感している。失敗の意義を強調するアドバイスは貴重だと考えている。

井深大著『わが友 本田宗一郎』の紹介からスタートしたここでの考察は、結局のところ、本田宗一郎、井深大、安藤百福の三人には共通点があり、それは「三人とも素人だった」ということだという結論にわれわれを導いてきた。独創的な商品開発で世界を驚かせた三人が素人だったというのだ！　発明は創造を要求し、創造は〝素人性〟を要求する、というべきか。その重要な〝素人性〟とはどういうものかを、井深の論述を借りて議論してきた。この点に関するわれわれの議論は、断片的で端緒的ながら、多くのヒントを含んでいる。

（1）半導体メモリの一種。コンピュータの主記憶装置などに用いられる。
（2）コンピュータ内で基本的な演算処理を行う、いわばコンピュータの心臓部にあたる半導体チップ。
（3）半導体集積回路の集積密度が二年でほぼ二倍になるという、経験則にもとづいた未来予測。インテルのゴードン・ムーアが提唱した。
（4）井深大［二〇一〇］、『わが友 本田宗一郎』（ごま書房新社）一五～一六ページ。なお初版は一九九一年、ごま書房刊。
（5）同前二六～二七ページ。
（6）同前二七ページ。
（7）同前二九ページ。
（8）同前五五ページ。
（9）同前五四ページ。
（10）同前七三ページ。
（11）同前八二～八三ページ。
（12）同前一二九ページ。
（13）同前一三三ページ。

第三部
人間像に迫る

転んでもただでは起きるな

食は聖職、自分の天職

I

安藤百福語録〔抄〕

編集部注――この語録は『インスタントラーメン発明王 安藤百福かく語りき』に掲載されている三〇四語の中から、本書の著者である榊原清則氏に「経営学者」の視点から見て特に興味深いと感じた語を選んでもらったものである。したがって、本書の重要なテーマである「稀代の独創的発明家にして起業家、優れた経営者」である安藤百福氏を、安藤氏自身の言葉を用いて綴ったものと言い換えることもできるだろう。

なお、『インスタントラーメン発明王 安藤百福かく語りき』は二〇〇七年に中央公論新社より四六判ハードカバーで発刊されたが、同書は一九八八年に日清食品で社内出版された『安藤百福語録』をベースに再編集したものである。現在は、同様の内容が二〇一三年に中公文庫で発刊された『転んでもただでは起きるな!――定本・安藤百福』の第2部に収録されており、それが入手しやすい。
この語録は「逆境」「創業」「発明」「商売」「商品」「経営者」「組織」「仕事」「賢食」「健康」という項目でわけられており、読者の立場によって心打たれる言葉も変わってくるだろう。三〇四語の中から自分なりに選んでいただくのも、安藤百福氏との面白い「心の対話」になると思われる。

人生に遅すぎるということはない。

私は事業に失敗して財産を失い、四十八歳から再出発した。六十歳、七十歳からでも、新たな挑戦はある。

私が無一文になったとき、「失ったのは財産だけではないか、その分だけ経験が血や肉となって身についた」と考えた。すると、新たな勇気が湧いてきた。

人生、いつもうまくいくとは限らない。もし、「ああ、ムダな歳月を過ごしてしまった。取り返しのつかないことをした」と思ったら、本当に取り返しのつかないことをしてしまったことになる。

転んでもただでは起きるな。そこらへんの土でもつかんで来い。

逆境に立って、すべての欲とこだわりとを捨て去ったとき、人は思わぬ力を発揮できる。

事業を始めるとき、金儲けをしようという気持ちはなかった。何か世の中を明るくする仕事はないかと、それぱかり考えていた。

どんなに優れた思いつきでも、時代が求めていなければ、人の役に立つことはできない。

創業者利益を手中にする有効な方法は、スタートから大きく引き離すことだ。

大きな目標があれば、戦略は自ずと生じてくる。

即席めんの発想にたどりつくには、四十八年間の人生が必要だった。過去の出来事の一つ一つが、現在の仕事に、見えない糸でつながっている。

私は創業社長である。自分で決断し、全責任をとる。

発明はひらめきから。ひらめきは執念から。執念なきものに発明はない。

一つ一つ試みては捨てていく。開発とは、これでもかこれでもかと追究する作業である。

発明や発見には立派な設備や資金はいらない。

私は、行く先々で、人が集まっていればのぞきこむ。商品にさわってみる。さわって分からなければ質問する。質問して分からなければ買って帰る。

人間はなまじ知識があるから本質がわからなくなる。

私は医者や弁護士であっても、専門家の言うことを鵜呑みにはしない。時には、素人の発想が正しいこともある。

素人だからこそ常識を超えた発想ができる。

開発とは時代を読む作業である。

開発のリーダーに必要なのは、安易に妥協しない頑固さである。

机の上でいくら思案しても、優れた発想は生まれない。

情報は、自分の目と耳で集めろ。

知識よりも知恵を出せ。

会社は野中の一本杉であるよりも、森として発展した方がよい。

取り引きは、取ったり引いたりするものである。取りすぎて相手を殺してしまっては元も子もない。

順調なときほど危機が訪れる。問題ないと考えること自体が問題である。

企業はチャレンジしないと、同じところに留まってしまう。人生も同じである。

事業を複雑にするな。新しい事業ほどシンプルな構造でなければならない。

企業という言葉は創造と同意語である。新しいものを世の中に提供していく力がなければ企業である資格がない。

衝撃的な商品は必ず売れる。それ自身がルートを開いていくからだ。

独創性のない商品は競争に巻き込まれ、労多くして益は少ない。

安売り合戦はくたびれもうけ。革新的商品だけがすべての人々に利益をもたらす。

市場調査の結果は、過去のデータの集大成にすぎない。これで将来を決定することは危険である。

インスタント食品はお客様が食べるときは即席だが、私たちが作るときは即席ではない。

君子、豹変すべし。

少しでもよい方向がみつかれば、即刻変更したらよろしい。朝令暮改は恥ではない。柔軟さの証明である。

リーダーは人の中の人でなければならない。

「人の中の人」とは、世の中にない独創的なことを考え、計画し、それを達成できる人である。

仕事を戯《たわむ》れ化せよ。

戯れ化とは、われを忘れ夢中に働くための最上の方法である。興味をもって取り組んだ仕事には疲労がない。

自らの足で歩き、自らの目で確認しなさい。そうでなければあなたの話には重みも説得力もない。

こういうことをやらせてほしいという話は多いが、どうなったかという報告がない。これを無責任という。

ぼくのためにやると言わんでくれ。自分のためにやると言ってくれ。

君たちはまた会議をしている。会して議せずという。ちゃんと結論を出しているのか。

パソコンに向かっていれば仕事をしていると思っている。もっと汗をかく仕事に取り組みなさい。

最大のコストは時間である。

時は命なり。

私はラーメンを売っているのではない。お客様に時間を提供しているのである。

食糧は命の糧《かて》です。人の命を支えているのです。

食のあり様が乱れた国は、必ず衰退する。「食足世平《しょくたりてよはたいらか》」が私の信念である。

私は「食」を自分の天職と考えている。

「食」は「人」が「良い」と書く。食べる人は良い人なんです。

食品は平和産業です。

食の仕事は聖職です。

私は料理のでき上がりを見れば、およその調理法は察しがつく。

私がコックか板前になっていたとしても、第一級の料理人になっていたに違いない。これだけは自信がある。

食文化を知るには、みずから調理してみることだ。魚一尾、三枚におろせないような主婦は半人前である。

食品はバランスである。微妙な加減、バランスを会得するのが料理のすべてである。

味に国境はない。

麺は世界の食文化を映す鏡である。

人類は麺類。

（この言葉が大好きだった安藤百福はたびたび英語で言うとどうなるかと質問しましたが、誰一人、訳すことはできませんでした）

II　安藤百福「食」を語る

編集部注――安藤百福氏は自叙伝的な書は残しているが、意外なことにいわゆる経営論の書を書いていない。加護野忠男・神戸大学名誉教授が『私の履歴書』文庫版の解説で「安藤氏は、自らの思想を語ることの少なかった経営者である。この自叙伝でも、自らの思想よりも何をしてきたかの叙述が中心となっている」と指摘している通りである。しかし一方、意外なことに「食」に関する書は、余技とはいえない水準のものを、数え方にもよるが編著も含めると一〇冊前後も残しているのである。本章では安藤百福氏の「食」に関する文章を集めた。安藤百福氏のもう一つの顔、というよりこちらこそ本来の顔であるとご本人は言うかもしれないが。収録にあたっては、そういった食に関する文章を読みやすくまとめた『食欲礼賛』（PHP研究所、二〇〇八年刊）を使用した。なお見出しは一部改めた。

インスタント食品と家庭料理

大量生産されたものには、心がこもっていないと考えている人がいる。その誤解は、無人化された工場で、商品が一見、無造作に作られているようにみえるところからきている。その裏にこめられた私たちの思いをご存じないのである。

インスタント食品は、食べるときは即席だが、作るときは即席ではない。栄養のバランスを考え、できるだけコストを抑えようと苦心している。心のこもり方は、家庭料理となんら変わるところがない。

インスタントとは、「即席」「即刻」「瞬間」の意味である。してみると、インスタント食品とは、瞬間瞬間を大切にする食品ということになる。調理の時間を短縮できたことによって、私たちは消費者に「時間」を提供しているともいえる。

私はまたこんな風にも考えている。お店の味、即席食品の味などを同列に論じてはいけないのではないか。だいたい食べ物の好みは、育ってきた環境に大きく左右されるから、同一の尺度では計れない。また食べる場所、状況、体調によっても違ってくる。即席食品、インスタントラーメンには、別のおいしさがあり、利便性もあって市民権を得ているのである。

食はあらゆる文化の源流である

人間は生きるために食べなければならない。かといって、ただ食べていればいいというものでもない。人は、よりおいしいものを、体にいいものを食べたいと思う。そこから生活の知恵や工夫が出てきて、食文化が成立する。

それゆえ、私は人間の、すべての営みの原点は食にあると思う。どんなに技術革新が進み、生活が豊かになっても、食は私たちの生活本能の原点として残るはずである。空腹が満たされてはじめて、音楽や絵画や文学を楽しむ余裕が出てくるのである。

食の究極の目的は飢えをしのぐことではない。健康な肉体を作ることに役立たなければならないし、食べることの中に深い喜びがなければならない。だから味覚の追求があってこそ、食が文化として成立するのである。

戦後のあの惨めな食生活をみてきた私は、食こそあらゆる文化の源流だと信じている。だが食文化というのは不思議なもので、勢いのある国、発展している地域のものが模倣される。

とはいえ、外国の食生活に慣れきってしまえばその民族の精神をも失うことになる。東洋にはめんという伝統がある。私がめんに執着するのはそのせいでもある。

「新鮮」は必ずしも食べ頃にあらず

日本人は新鮮なものほどおいしいと考えている。世界でも一番鮮度信仰の強い国民かもしれない。そのせいか、魚ならなんでも刺身にしたがる。豆腐でも冷奴を好む。冷奴はいってみれば豆腐の刺身なのである。ところが、私は鮮度とおいしさとは必ずしも一致しないと思っている。

なんでも新鮮なものがおいしいという発想は間違いである。牛肉は腐る前が、身が熟成してきて旨い。発展途上国へ行くと、ホシエビは酸化しかけて発酵する直前が最高の味という。バナナは皮に黒い斑点が出かけた頃から甘くなる。シイタケも、もぎたてには甘みがないが、乾燥すると別な旨みが出てきて、保存性も高まる。アワビ、ナマコも然りである。

食べ物には、おのずと特性というものが備わっていて、最もおいしい食べ頃を知ることが大事なのである。

日本人ほど鮮度信仰の強い国民は少ない。日本の食品衛生法が世界一厳しいのも、その国民性に由来する。衛生思想は文化の尺度かもしれないが、なんでも無菌状態がよいというのでは、人間に抵抗力がなくなる。私が心配するのはそこである。

秋こそ滋味の季節なり

私が秋を好ましく思う理由の一つは、成熟の味を楽しめるからである。富有柿のあざやかな朱色、マツタケ、ユズの上品な香り、脂ののったサンマ、サバ、ブリ――と夏のエネルギーを蓄えたような、秋の豊饒な実りが心を浮きたたせる。

また秋の実りは、昔の栄養学では、価値のないもののように思われていた食物繊維をも、もたらしてくれていたのだった。ゴボウを食材に加えた日本の食文化の知恵は、本当にすばらしい。独特の風味、香りは西洋の料理では解き明かせないものであろうし、まして医食同源の機能性にまではとても思いおよばないに違いない。無用の用ともいうべきゴボウに、脱帽するばかりである。

秋こそ滋味の季節である。私が「滋味」にこだわるのは、食事は栄養が足りればよいというものではない、と考えるからである。

色、香り、歯ざわり、形、鹹・酸・甘・苦などのバランスにより、食卓は芸術の域にまで高められる。健康食であるとともに美味であるという「滋味」が演出される。

秋は落葉の季節でもあるが、その実りは次の「始まり」を用意してくれるのだ。

精進料理の神髄は「知足心和」の心

禅寺の僧は肉食を廃し、おかゆと野菜で修行の日々を過ごす。これで体がもつのかと心配になるが、大豆タンパクを中心に植物油で調理された精進料理は栄養的には十分である。究極の美健賢食といえるかもしれない。

私は京都・宇治の黄檗山にある萬福寺を訪れたとき、普茶料理をいただいた。寺を訪れる信者にごちそうをふるまうための野菜をおいしくする工夫が、料理の随所にこらされていた。豆腐と長イモを使ってウナギの蒲焼きやかまぼこに見せかける、いわゆる「もどき」の技法が見事だった。

人間とは欲深いもので、足るを知ることがない。食べ物においても然りである。黄檗宗第六十代管長の仙石泰山さんは、「禅門ではごちそうとは、屋敷の周りを走り回って食材を探し、それを見繕って出すことを言う。近頃はスーパーを走り回る人が増えた」と嘆いておられた。

食事のあと、座禅を組んだ。教えられた通り、背筋を伸ばし、眼を半分閉じた半眼の状態で深呼吸を続けていると「知足心和」という言葉が浮かんだ。足るを知れば、不平不満が消えて、感謝の気持ちがわいてくる。自然に心が和らぐのではないだろうか。

豆腐の味がわからなければ

日本の豆腐が世界的なブームになっている。海外では健康食として日本料理の研究が盛んだが、とくに豆腐の優秀性を認めた欧米人は、これを「大豆チーズ」と呼んで絶賛している。「トウフ・バー」という専門料理店まで出現した。

大豆製品である味噌、納豆、湯葉、豆腐などは中国で生まれている。だが品質では日本の豆腐は本家の中国より優れている。絹ごしのきめの細かさ、大豆独特のにおいを消し去った淡白な味わいは、文字通り世界一である。材料の大豆と水と製造技術が優れているからである。

国産大豆はタンパク質と脂肪に富んでいる。粒がよくそろい、光沢があり、皮は薄くて肉質が厚い。水は井戸水でなければいけない。日本酒の醸造と同じで、硬水に含まれる一種のバクテリアが作用する。

また豆腐の味は、気候風土と大いにかかわりがあるわけで、いわゆる地回りで産地に近いところがよいとされている。東京付近では、埼玉県越谷市を中心に草加、春日部あたりが優秀という。また鳥取県では「豆腐ちくわ」や「豆腐めし」といった料理があり、豆腐を非常に大事にしている。昔から「豆腐の味がわからなければ食味を語る資格はない」というのが通の言葉なのである。

天ぷらは熱と水分のバランスが大事

天ぷらは、熱と水分のバランスが一番大事である。カラッと揚がって、油っ気を感じさせないのがコツ。油の温度が低いと、衣が油をかんだ状態で揚がり、べたついた感じが残る。油は白絞《しらしめ》油《ゆ》に一割程度のゴマ油をまぜると、香ばしさが引き立つ。

油で揚げるとは、油熱による水と油の交換作用だ。熱い油が衣の水分をはじきだし無数の空間を作る。カリッと固まった衣の中に、空気が細かくたくさん含まれていると、よりサックリとした食感を生み出すし、油分の含有率も低くてさっぱりしている。一度に具をたくさん入れすぎず、油熱を保ちながら揚げれば、家庭でもプロの味が可能だ。

『広辞苑』には、テンプラはポルトガル語とあり、「天麩羅」の字が当てられている。上方から天竺浪人（住所不定の浪人者）がふらりと江戸へやってきて、魚の揚げ物の屋台を始める。これが評判になったので、「新しい食べ物の名前がまだない、よい考えは――」と相談にあずかって「天麩羅」と名づけてやったと山東京伝が書いているが、もちろん、これは戯れごとである。

古くから油を利用した調理技術はあったが、現在にちかい形で定着したのは江戸期、一八世紀後半らしい。「てんほうら」「てんぷらり」などの文字も見られる。

日本のそうめんは美術工芸品

めん食文化をめぐる謎の一つに、稲穂の国日本において、なぜコメのめんが発達しなかったか、ということがある。また日本では、押し出しめんも受け入れられなかった。ただ、偶然そうなっただけで、特別な因果関係はなかったのだろうか――。

その代わりともいうべきか、日本は手延べや切りめんでは世界に類をみない精緻な世界を作りあげているのである。三輪（奈良）、揖保（兵庫）、小豆島（香川）、島原（長崎）――等々、農家の副業として受け継がれてきたそうめん類は、各地で美術工芸品といっていいほどの完成度をみせる。それぞれの土地、風習と密着して息づいているところがすばらしい。秋田・稲庭うどんは、そうめん系手延べうどんの極致であろうかと思う。

これはまったくの私見だが、手先の器用な日本人にとって、手延べや切りめんのほうが性に合っていたのではないか。機器に頼って、さほど熟練を要することもなく押し出すのでは、職人の修練、技量が発揮しにくくもの足りない。

それは現在の産業でもいえることで、日本が得意とするのはいずれも、一連の作業を、持ち前の器用さで進化、発展させる分野であるように思える。

人間の味覚は気温の差に敏感

人間の味覚は気温の差に大変敏感であり、食べ物の趣向も微妙に左右される。暑い国では、辛くて刺激性の強い料理が好まれる。香辛料を多種多量に使用するこうした料理は、防腐作用があり、多少、素材が傷んでいても、それを打ち消してしまう効果がある。胡椒や唐辛子といった香辛料は、胃液の分泌を促し、暑さで衰えた食欲を増進する。

タイでいただく料理は、たいてい口中腫れあがるばかりに辛いが、真夏になるとトムヤムクンが無性に食べたくなることがある。インドで発祥したカレーも、発汗作用があり、暑気を払って爽やかな気分にしてくれる。いずれも気候風土に適しており、理にかなっている。

インドでは、それぞれの家庭が秘伝のカレーの配合を持っており、一五～二〇種もの香辛料を混合するという。酷熱の国土の中で、五〇〇〇年の時間が育ててきた食文化の厚みに脱帽せざるをえない。

そこへいくと、日本の食文化は感覚的で、淡白に素材を生かそうとする。暑ければ涼し気なそうめんをすすり、ハモのさっぱりした湯びきを梅肉で食べてよしとする。もう一つの特長は、外国の食文化を上手に取り入れ、自分のものにするところである。カレーうどんやカレーラーメンは優れた適用例で、すでに日本の代表的な料理といえる。

人類は「めん類」である

もともと小麦は中国の原産ではない。紀元前二世紀頃、はるか西域から伝わり黄河の下流に根づいたといわれる。だから麦という字は甲骨文字の「来」という字に、根を張った形をしている(旧字体では「麥」と書いた。「麦」はそれが簡略化された新字体である)。

めんというものはことごとく、小麦粉を水でこねて薄く引き延ばすところから始まる。麦を面状に延ばすから「麺」と書く。めんというと日本人はうどん、そば、ラーメンのように線状になったものを思い起こすが、中国では小麦粉そのもの、あるいはすべての小麦粉製品をさす。だから饅頭も餃子もシュウマイも、中国ではすべて「麺」である。現代中国では麦へんを取って「面」と略している。北京で見たパン屋の看板にも「面包房」とあった。

そうすると、ラーメンを食べる東洋人も、パンを食べる西洋人も、すべてひっくるめて「人類はめん類」といっていいのである。

パンまでめん類に入れてしまうのは乱暴だという声もあるが、私はこの広義の解釈を気に入っている。私は「麺」とは、小麦粉に水を打ち、練ってから平たく延ばしたものだと考えている。

世界六五億人の胃袋を満足させる小麦粉文化、すなわちめん食文化の偉大さを改めて思う。

めんとは何か、そんな疑問にとりつかれて

めんとは何か。そんな疑問にとりつかれて、私は一五年ほど前から世界中のめんを調べて回っているが、私のめんの定義は、「小麦粉を水で練って、平たく延ばしたもの」である。字のとおり、麦を面状にするから「麺」である。中国では、それを包丁で切ると切麺（チエメン）、手で伸ばすと拉麺（ラーメン）という。

めんの面白さは、具材とスープとの組み合わせで、あらゆる表現が可能ということである。おかずのいる米、パンと違って、それ自体で食事形態になる。多様な食の嗜好に応える意味でラーメンほど自在性のあるものはない。めんが世界中で愛される理由がここにある。

中国では「南米北麦」という。華北に位置する山東省では、やはり主食にめんを食べる。誕生日には長寿めんを、大晦日には金貨の入った餃子を作って縁起をかつぐ。

あるレストランの厨師は「今度来るときには早めに連絡してくれ。百種類のめんを並べてみせる」と豪語した。同省の周村区という村では、王さんのお宅で手打ちめんをごちそうになった。見事な手さばきだった。めん棒とめん打ち板は大切な嫁入り道具だという。ここではめんと生活とは切り離せないのである。

山東省を訪れ、「めんロード」のふるさとに辿り着いた気がした。

ラーメンとは〝日本のめん〟である

めんのルーツは中国にあるが、われわれが通常食べているラーメンは中国にはない。戦前「支那そば」や「南京そば」と呼ばれていたものが、現在のラーメンにつながるのだから、そういうことになるのだろう。しかし、最近は中国でもラーメンという言葉は通用するようになり、ラーメンのメニューをお店で見かけるようになった。日本から進出している専門店には「日式拉麺」と書かれている。これは日本人旅行者の影響とも思えるし、即席ラーメンの普及とともにこの言葉が認知された結果でもある。少なくとも中国ではラーメンは、完全に〝日本のめん〟という認識のようである。

「ラーメン」の語源については過去、いろいろな説が出ている。「老麺」(ラオミェン)、「拉麺」(ラアミェン)であるとか、あるいは日本起源説等々、さまざまなことがいわれているが、実証は困難である。

私たちが即席めんを発表してからもしばらくは、食品関係の専門誌をひっくり返しても、「らあめん」「ラーメン」に関する記載はあまり見つからなかった。昭和三九年、日本ラーメン工業協会(のちの日本即席食品工業協会)が設立され、昭和四〇年に即席めん類の日本農林規格が制定されるに及び、ラーメンという呼称が広く一般化したのである。

日本語の「ラーメン」はもはや世界の共通語

戦後、世界共通語になった日本語がいくつかある。食べ物では醤油、すき焼き、豆腐、弁当、寿司など、たくさんあるが、ラーメンもその一つで、アメリカで最大の発行部数を誇るウェブスター辞書に採用されているという。

『外国語になった日本語の事典』（加藤秀俊・熊倉功夫編、岩波書店）の中で奥村彪生さんは、ラーメンという言葉の語源は中国語であるが、日本で中華そばをさす言葉として市民権を得て、インスタントラーメンの普及によって世界語になったのだと解説されている。

奥村さんによれば、支那そばを日本で最初に売り出したのは東京・浅草の「来々軒」で、明治四三年（一九一〇年）のことである。ラーメンを最初に名乗ったのは札幌の「竹家食堂」で、これが大正一〇年（一九二一年）のことであった。戦後、支那そばは中華そばに名を変える。しかし、ラーメンの呼び名は一般には普及しなかった。

昭和三〇年代に入っても、東京や大阪では中華そばをラーメンに変える店はなかった。その固い習慣の殻を破ったのがチキンラーメンのテレビコマーシャルで、たちまちラーメンの名が全国に認知されるきっかけになったのだと、奥村さんは述べておられる。

粗食とゴルフが長寿の秘訣

私も満九六歳になった。どうしてそんなにお元気なんですか、長生きの秘訣はなんですかとよく聞かれる、必ず「腹八分目の食事と適度な運動をすること」と答えている。私は昔から粗食で、青みの魚、とくにアジやイワシなどの小魚が大好きである。骨までしゃぶる。おかげでいまだに歯が丈夫で入れ歯がない。

ついでに一言添えさせていただくと、私は、一日一度はチキンラーメンを小鉢に入れ、吸い物代わりに食べている。インスタントラーメンを発明して以来、半世紀、ずっと続けてきた習慣である。

運動はもっぱらゴルフである。子供のように無心になって玉を追い、打ち興じる。かつては一年間に一三〇回ゴルフ場に足を運び、六日間アメリカに出張して七回ゴルフをしたという変な記録も持っている。一ヤードでも遠くへ飛ばしたいというのが課題であり、それに挑戦し続けている限り、退屈するということはない。頭から雑念が消えて、晴れやかな気持ちになる。

最近はさすがに一ラウンドはきつい。ハーフで上がることが多くなった。私にとって、金で買える命はゴルフしかない。私の健康はインスタントラーメンとゴルフによって支えられている。

何も贅沢をする必要はない

日本人はアレンジが上手である。今でこそ大豆タンパクが脚光を浴びているが、日本人は昔から味噌、醬油、納豆まで作っている。

その原型のようなものが中国へ行くとあって、大きなタルのなかに豆腐を四角に切ってつけている。ズルズルにして、ウニのようにして食べている所もある。

豆腐はタンパク源として、非常に体にいいわけで、日本人はいまのように科学的に分析したり、研究したりする以前から、それを生活の知恵として知っていた。日本人が草食人種であったからである。

そばも、なぜ食べられるようになったかといえば、ルチンという血圧降下剤が含まれていて、血管の収縮を防ぐ働きをするからである。そば好きは長命だという話は、ここらあたりからきている。野菜を食べて、魚と大豆タンパクと米があれば生きていける。事実、世界でも上位に入る長命者が日本には何人もいる。

だから、人間は何も贅沢をする必要はない。信仰と愛があれば、未開地の食べ物でも生きていけるのである。文明社会ではどうしても清潔さを大切にし、無菌状態を奨励する。だから私は厚労省の役人に、衛生面ばかり監視せず、もっと精神面を大切にしろ、というのである。

食とスポーツが健康の両輪

しかし、どんなにバランスのとれた栄養ある食事をとっても、運動をしなければ、健康を保つことは不可能である。さらにいえば、食によって支えられた命を健やかに育むのがスポーツなのである。

私自身、スポーツといえばゴルフしか知らないけれど、その大切さは十分、承知しており、一九八三年に私財を投じて日清スポーツ振興財団（現・安藤スポーツ・食文化振興財団）を設立したのも、常々「食とスポーツは健康を支える両輪である」と考えていたことが動機である。

いずれにしろ、体を鍛えておくことは大切である。日清スポーツ振興財団では、子どもたちのスポーツ活動も応援している。

財団の設立当時、青少年非行が大きな社会問題となっていた。私は、子どもたちの心と体のバランスを図るためには、スポーツの振興が欠かせないと思った。さらに犯罪や暴力に向けられた子どもたちのエネルギーを、スポーツに振り向けることが大切だと考えたのである。

スポーツはすばらしいパワーを持っている。たとえばサッカーを見ていて、どうして人間にはあのような力がでるのかと不思議に思うこともあるし、みんなを夢中にさせて感動もさせる。スポーツは、世界を平和にできると思うのである。

食べないでやせるより、食べてやせることのすすめ

健康はまず食事から、というのが私の信条である。最近はやせるために節食したり、薬を飲んだりする人があるが、私はあまり感心しない。私はむしろ食べないでやせるより、食べてやせることをすすめる。そういう食物を選べばよいのである。

たとえば湯葉、かんぴょうなら、いくら食べても太らない。どちらも、それ自体には味がないが、調理を工夫すれば、動物タンパク質に負けない栄養と満足感が得られる。いつでも手に入る材料であるところもいい。若い人はあまり好まないが、それは食わずぎらいである。

湯葉は精進料理に始まる。粗食に耐えながら、過酷な行に打ち込む修行僧が中国から持ち帰ったものである。豆腐と並ぶ、貴重な大豆タンパクである。成分の五〇パーセントがタンパク質、二五パーセントが脂肪という。これだけ濃厚な食品でありながら、非常に消化がいい。

かんぴょうはウリ科の夕顔の実から作る。成分は約五〇パーセントが糖質だが、無機質のカルシウム、鉄を含んでいる。さらに繊維が多いので、便通をよくする。いくら食べても肥る心配はない。

日本古来の伝統食品である湯葉、かんぴょうのすばらしさを、若い人にぜひ再認識してほしいと思う。

漬物は和食のデザートである

　真夏の信州に行ったとき、お昼時に地元のおばあさんが作った何種類もの漬物をいただいた。信州は野菜と漬物の宝庫で、キュウリには太く立派なイボがあった。このブツブツが多いのがおいしいキュウリだ、と教えられた。

　また信州名産の丸ナスがちょうど収穫期で、一年分が塩漬けにされていた。丸ナスの一夜漬けは、新鮮な歯ごたえと旨みに溢れていて、日本人であることの幸せをじっくり噛みしめた。

　漬物は日本独特の食文化であり、健康法である。漬物になくてはならないのが塩。塩を体に悪いものと決めつけてはいけない。塩は防腐作用があり、雑菌の繁殖を防いでくれる。また脱水作用があるため、野菜の水分を引き出す。最初は野菜がしんなりとするが、漬けあがるとシャキッとする。何ごとも適量の塩加減が大事であって、「いい塩梅《あんばい》」という言葉はここからきている。

　漬物はなぜおいしいのか。野菜を塩や酒粕に漬けると、乳酸菌や酵母など、体にいい微生物の発酵が進み、酸味や旨み、香りを生み出すからである。酵母や食物繊維は腸に入ってそうじ役にもなる。

　食事の最後にお茶といっしょにかき込む漬物は、私に言わせると和食のデザートなのである。

「食足世平」が私の信念

食の有り様が乱れた国は、必ず衰退する。飢餓に苦しんでいるアフリカを例に取るまでもなかろう。食が乱れると政情は安定せず、争い事が絶えないのである。「衣食住」ではない。人間にとって大切なのは、永遠に「食衣住」の序列だと、私は確信する。

「食足世平」が私の信念である。食が満たされなければ文化も何もない。人間の尊厳もない。食足りてこそ平和になるという思いである。

しかしながら、世界六五億人の人口のうち、飽食しているのはほんの一握りの先進諸国にすぎないことを、最近の若い人たちはわきまえているのだろうか。食が足りてこそ、泰平の世の中になる。私が食品産業にかかわるようになったのは、少しでも「食足世平」の理想に近づこうとしたからにほかならない。

私が戦中戦後の飢餓時代に思い至った「食足世平」の理想は、地球的規模においてはなおも実現されていない。その一方で、先進諸国では飽食の時代を迎え、美食に慣れて食の本質を忘れている。だからこそ、今私たちは食に対して、真正面から向かい合うべきなのではないか。

日清食品は、食文化を創造し、消費者の感動を呼ぶような食品を提供する、いわば「しあわせ」を売る企業であらねばならない。

食を創り、世の為に尽くす（食創為世）

食を充足させることが、人間の生存の根本である。賢い食事を心がけるための啓蒙も、盛んである。だが、「食足世平」「美健賢食」のために、新しい食の創造はなされているだろうか。

チキンラーメンは、即席めん産業を興す一粒の種となった。カップヌードルは、容器入り食品の世界を開いた。そうした意味での食の創造が、これからも続々と誕生すべきではないのか――。

日本など先進国は別にして人口増加は、今世紀に入っても、にわかに止まる気配はない。現在でも、地球規模からすれば、食糧不足の状態にあり、アフリカの飢餓の状態は氷山の一角であろう。「食」を通してみる人類の未来は決して明るくない。日本に目を転じても、高齢化社会を迎えるにふさわしい食の開発は十分になされているだろうか。

かくて「食創為世」なる言葉が、私の脳裏に棲み着いた。生き物の根本である「食」の創造をする、もって世の為に尽くす。

それは、人類の未来に貢献するばかりでなく、既存の狭い世界でパイを奪い合っている食品産業にとっても救世主となるべきものである。

創造なくして、人類の未来は暗い。まして、創造なき企業に明日がないのは当然である。

Ⅲ　安藤百福年頭所感

編集部注――安藤百福氏は毎年、一年の計を元旦に定め、毛筆でしたためた。一九六四（昭和三九）年から二〇〇〇（平成一二）年までは「年頭定是《ていぜ》」、それ以降二〇〇七（平成一九）年までは「年頭所感」として、色紙に託した。また、一九八六（昭和六一）年からは、その趣旨について詳しく語った文章も作成され、内容的には安藤百福氏が社員に語りかけるものとなっている。

先述のように、「安藤氏は、自らの思想を語ることの少なかった経営者である」（二三八ページ参照）から、これらの定是、所感は、安藤百福氏の思うところを最もダイレクトに語ったものともいえ、その思想、考えを知る上で必須の参考資料である。

「年頭所感」は色紙に印刷し、全事業所に配布され、額に入れて掲出されていた。

安藤百福年頭所感

●昭和39(1964)年〜平成19(2007)年

昭和39年　和協

昭和41年　和協前進　信頼責任

昭和43年　細心大胆　油断大敵

昭和45年　和協合作　創造新力

昭和47年　克服難路　造成楽境

昭和49年　臨機応変　円転自在

昭和51年　発掘英智　成就大業

昭和53年　社業更進　得意不驕

昭和55年　顕現潜力　対応時変

昭和57年　体力智力　気力全力

昭和40年　進取開拓　信頼協調

昭和42年　心和合力　開発前進

昭和44年　細心大胆　創意努力

昭和46年　育成良風　刷新社業

昭和48年　機会難逢　向前協進

昭和50年　信和為福　克難奉衆

昭和52年　外柔内剛　勤勉力進

昭和54年　注視時流　英断進展

昭和56年　同苦同歓　深信不約

昭和58年　善意誠意　熱意総意

昭和59年 開進展業 探究新路

昭和61年 多感深慮 図入節出

昭和63年 三十周年 初心再出

平成2年 気宇壮大 心眼千里

平成4年 時代激変 深決速行

平成6年 時流無停 接点生力

平成8年 根幹不枯 枝葉生茂

平成10年 四十不惑 集智成大

平成12年 祝二千年 均整万年

平成14年 地球自転 陽陰生息

平成16年 新年和平 奮気隆昌

平成18年 心身活性 食育腹八

昭和60年 冷静奮闘 誠実精進

昭和62年 誠心震天 和力動地

平成元年（昭和64年） 入心入魂 自立自進

平成3年 大任重責 賢人深考

平成5年 成敗常世 不忘前轍

平成7年 浅考空転 深慮好転

平成9年 麺食文化 食創為世

平成11年 陽春来光 心平気高

平成13年 宇宙世紀 優劣共生

平成15年 天星地花 仁愛健寿

平成17年 克己耐忍 知足心和

平成19年 企業在人 成業在天

昭和39年

「和協《わきょう》」

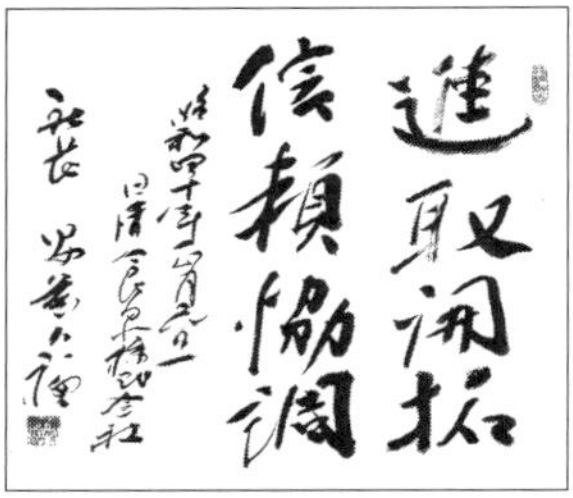

昭和40年

「進取開拓《しんしゅかいたく》　信頼協調《しんらいきょうちょう》」

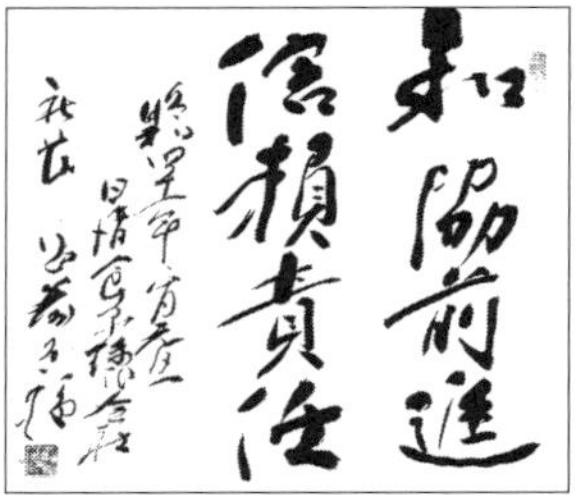

昭和41年

「和協前進《わきょうぜんしん》　信頼責任《しんらいせきにん》」

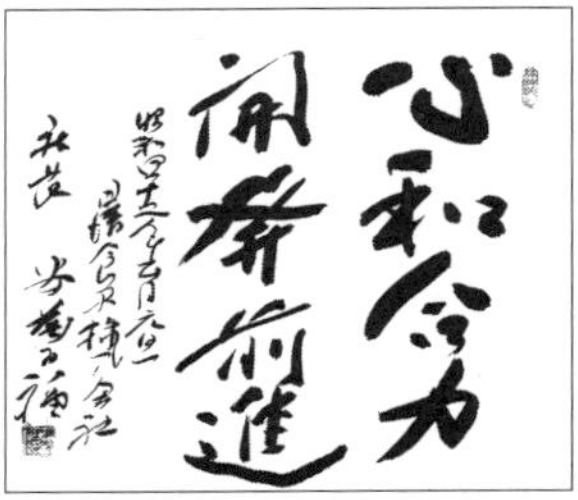

昭和42年

「心和合力《しんわごうりき》　開発前進《かいはつぜんしん》」

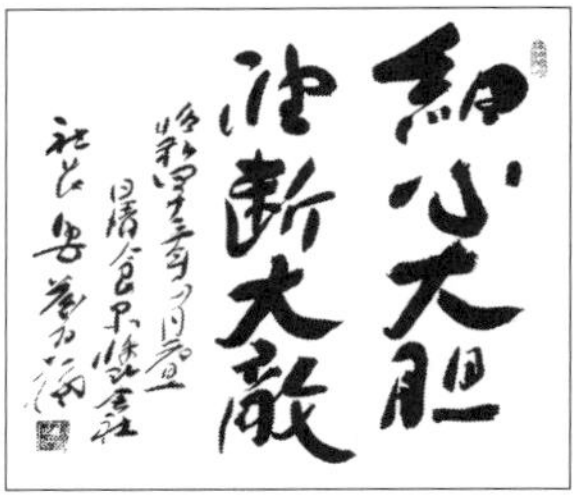

昭和43年

「細心大胆《さいしんだいたん》　油断大敵《ゆだんたいてき》」

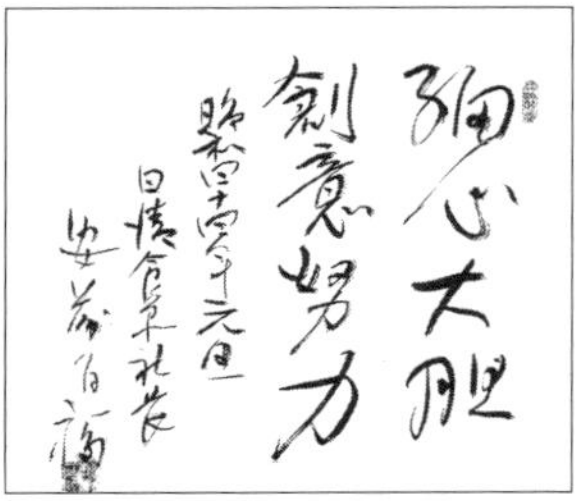

昭和44年

「細心大胆《さいしんだいたん》　創意努力《そういどりょく》」

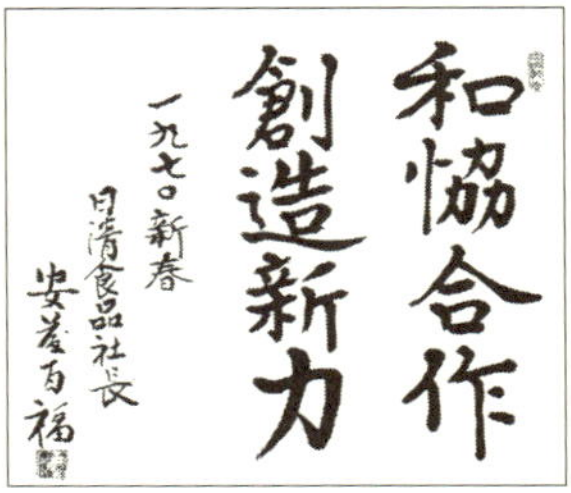

昭和45年

「和《わ》協《きよう》合《がつ》作《さく》　創《そう》造《ぞう》新《しん》力《りよく》」

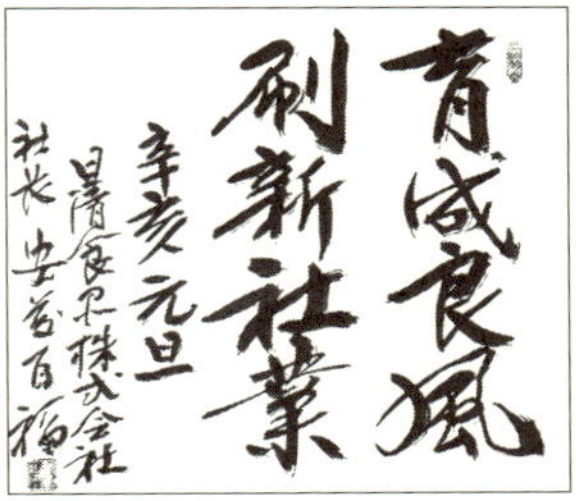

昭和46年

「育《いく》成《せい》良《りよう》風《ふう》　刷《さつ》新《しん》社《しや》業《ぎよう》」

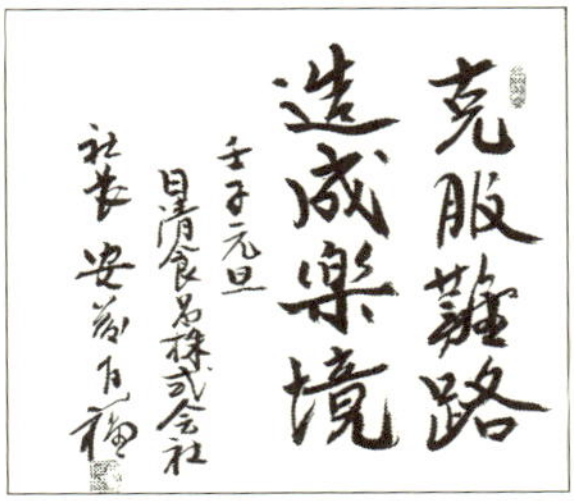

昭和47年

「克《こく》服《ふく》難《なん》路《ろ》　造《ぞう》成《せい》楽《らつ》境《きよう》」

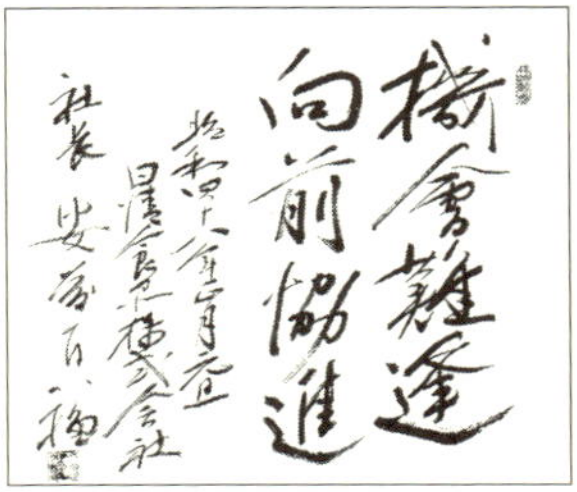

昭和48年

「機《き》会《かい》難《なん》逢《おう》　向《こう》前《ぜん》協《きよう》進《しん》」

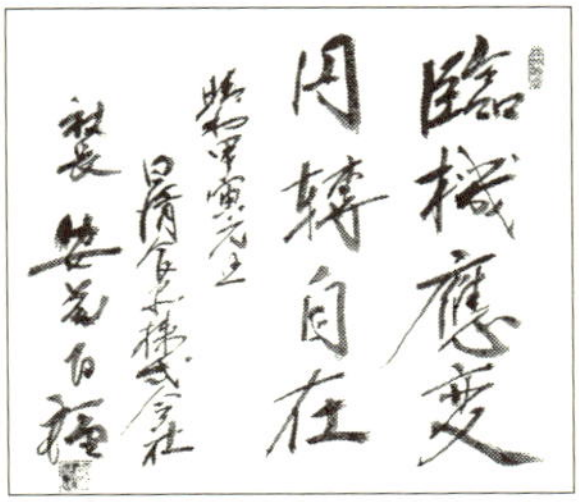

昭和49年

「臨《りん》機《き》応《おう》変《へん》　円《えん》転《てん》自《じ》在《ざい》」

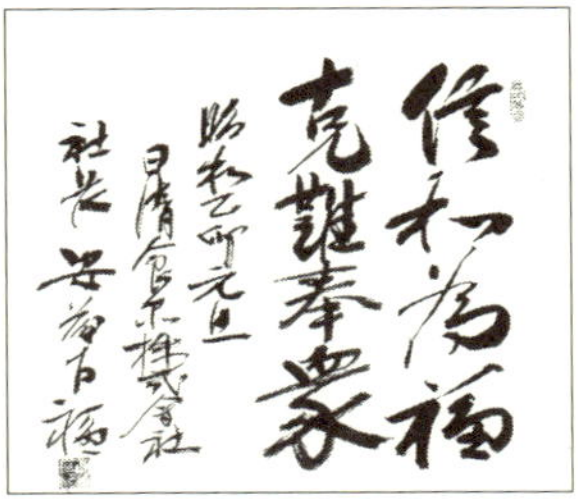

昭和50年

「信《しん》和《わ》為《い》福《ふく》　克《こく》難《なん》奉《ほう》衆《しゆう》」

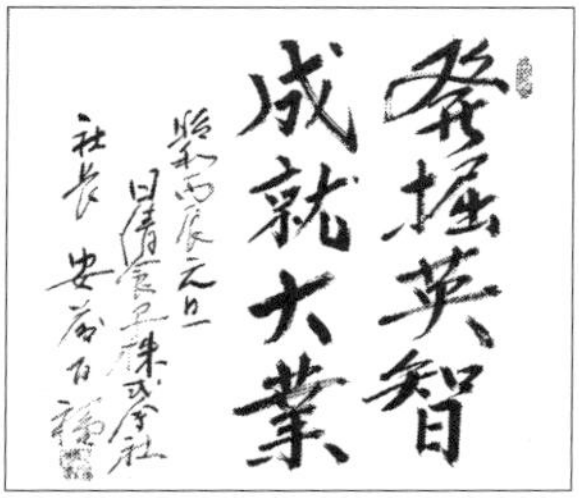

昭和51年

「発掘《はつくつ》英智《えいち》　成就《じょうじゅ》大業《たいぎょう》」

昭和52年

「外柔《がいじゅう》内剛《ないごう》　勤勉《きんべん》力進《りきしん》」

昭和53年

「社業《しゃぎょう》更進《こうしん》　得意《とくい》不驕《ふきょう》」

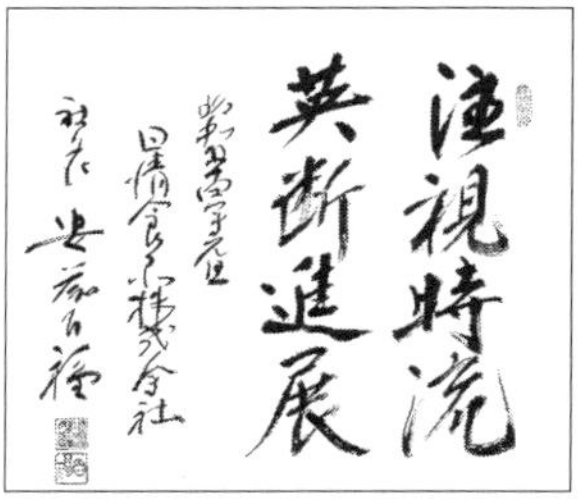

昭和54年

「注視《ちゅうし》時流《じりゅう》　英断《えいだん》進展《しんてん》」

昭和55年

「顕現《けんげん》潜力《せんりょく》　対応《たいおう》時変《じへん》」

昭和56年

「同苦《どうく》同歓《どうかん》　深信《しんしん》不約《ふやく》」

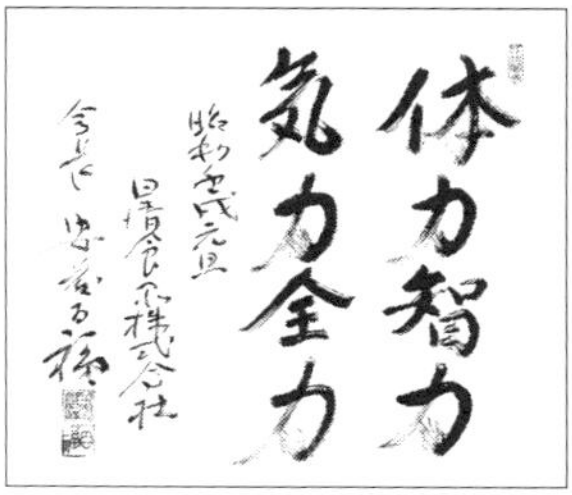

昭和57年

「体力《たいりょく》智力《ちりょく》 気力《きりょく》全力《ぜんりょく》」

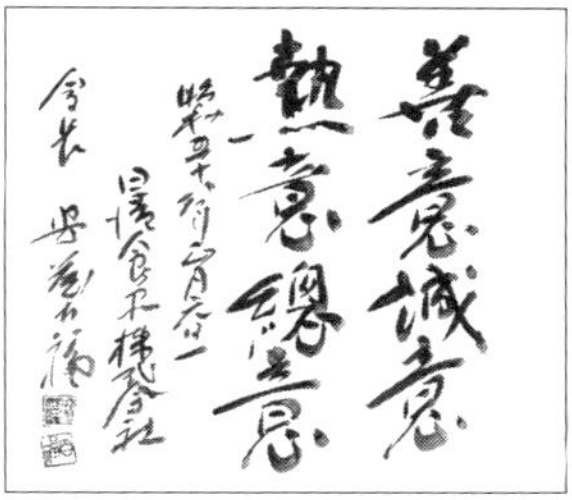

昭和58年

「善意《ぜんい》誠意《せいい》 熱意《ねつい》総意《そうい》」

昭和59年

「開進《かいしん》展業《てんぎょう》 探究《たんきゅう》新路《しんろ》」

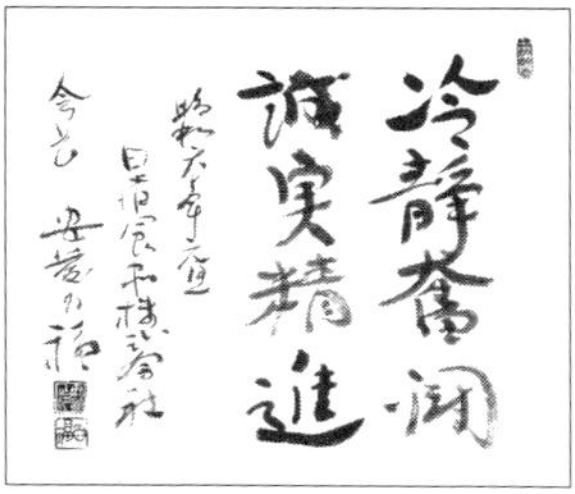

昭和60年

「冷静《れいせい》奮闘《ふんとう》 誠実《せいじつ》精進《しょうじん》」

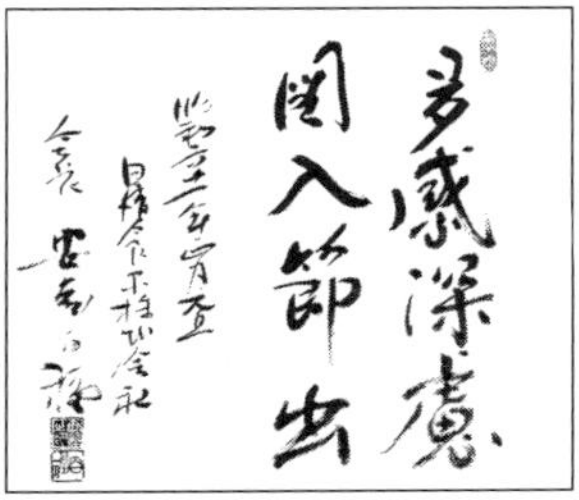

昭和61年

「多感深慮《たかんしんりょ》 図《と》入節出《にゅうせつしゅつ》」

「多感深慮」とは、情報化社会で生きていくために、あらゆる物事に興味を持ち、感受性を磨く一方、情報選択や意志決定に際しては熟考せよということである。つまり、「感ずること多くして、思慮深くあれ」という意味であり、開発志向型の企業の一員として、一人ひとりがセンサーの役割を果たすという意気込みを示して欲しいと思う。

「図入節出」とは、「入りを図りて出ずるを節せよ」ということである。厳しい企業環境の中で安定した企業体質を維持するためには、収入の道を開き、支出に際しては節度をもってあたり、たとえ一円たりとも不必要な使い方をしてはいけない。『論語』では「出ずるを制す」という言葉が使われるが、制していては企業の活力が失われ、取引先との関係も悪くなろう。節することによってコントロールせよ。

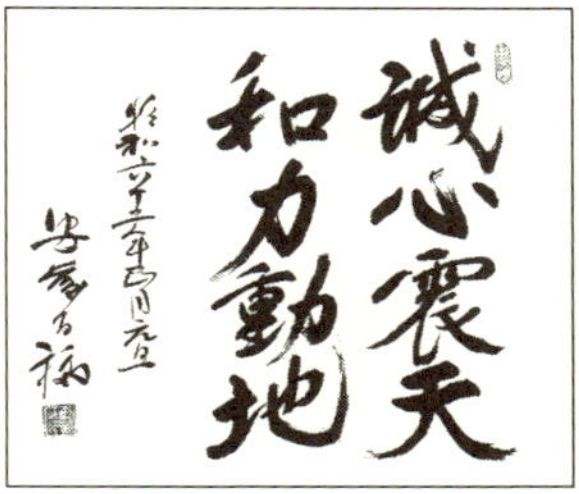

昭和62年

「誠心震天《せいしんしんてん》　和力動地《わりょくどうち》」

『誠の心は天を震わす、和の力は地を動かす』

企業の永続的発展には「誠の心」と「和の力」が一番大事ではなかろうか。すべてのことに誠の心をもって当たれば必ず相手に通じる。心がけ、心くばり、心次第という。創造、研究、開発すべて熱い心によるものである。大袈裟に言えば、熱い誠の心は天をも震わすのである。

和の力とは、一人より沢山の人の力が結集すると、不協和音でない強烈な力が生まれ、あらゆる難題を乗り超えて企業目標を達成することができる。この強烈なエネルギーは、大地をも動かすことができるのである。

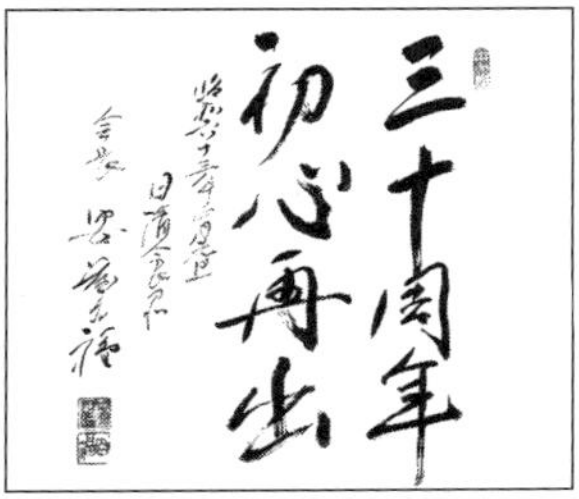

昭和63年

「三十周年《さんじゅっしゅうねん》　初心再出《しょしんさいしゅつ》」

『大きな節目となる三十周年、初心に返って、再出発しよう』

日々刻々、毎年毎年、が真剣勝負でなければならない。とはいえ三十年という大きな区切りを迎えて素直に喜ぶのは自然の心だろう。しかし、それに酔いしれてはいけない。三十年の節目は心を一層、引き締めて迎えたいと思う。

入社した当時を思い起こして欲しい。誰もが意欲に燃え、会社のために尽くしたいと一途に考えていたに違いない。それがいま平穏な日常に慣れ、安易に日を送っていないか、今日も昨日と同じ気持ちで仕事をしていないか。初心とは一度、日常的なことをすべて破壊し、ゼロから出発した原点に立つことである。創造的破壊なくして、再出発はありえない。

三十周年に際して、全部を変えてしまうぐらいの覚悟を求めたいと思う。今日の延長線上には、明日はない。これからも五年、十年と年輪を重ね、より太い幹に青々とした葉を豊かに茂らせようではないか。

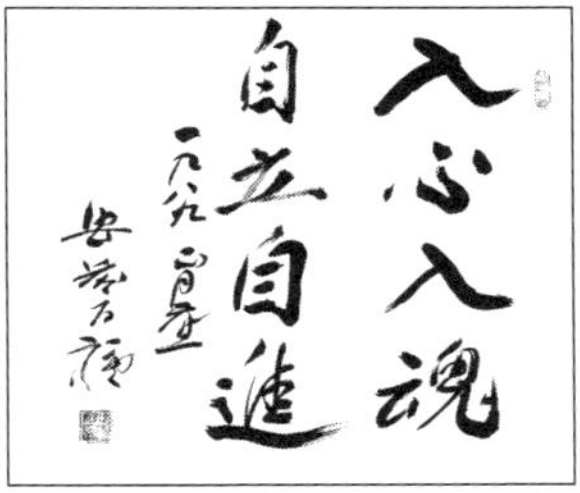

平成元年（昭和64年）

「入心入魂《にゅうしんにゅうこん》 自立自進《じりつじしん》」

人の心は、元来、自在なものである。だからこそ、心を駆使して打ち込むかどうかによって、仕事の出来栄えが違ってくるのだと思う。心を集中して事に当たると、熱が生じる。それが情熱であり、人を動かし、不可能をも可能にしてしまうのである。忙しく立ち働いても心が抜けがらでは仕方がない。肝心なのは「入心入魂」の心構えだ。

昨年、東京本社ビル、中央研究所が完成し、それぞれマーケティング、イノベーションの拠点として活動が始まっている。世間の目からすれば、立派な建物ができて、「日清食品さん、さすがようやりますね」ぐらいのお世辞はいってもらえるだろう。しかし、すべては、これからなのである。心と魂を入れ、外観にふさわしい内容にするのは、「入心入魂」の仕事ぶりいかんによる。

「入心入魂」はまた、「自立自進」につながる。

昨年は創業三十周年を盛大に祝った。人間、三十にして立つ、という。日清食品も三十年を経て、一人前の企業になったのだから、ここに働く皆さんも、従来にも増して一人前の企業人にふさわしい自覚を持っていただきたい。自ら考え前進する気概であり、意地である。百万人といえどもわれ行かん、という自立自進の精神力である。

今年一年、「入心入魂、自立自進」でいどんで欲しい。

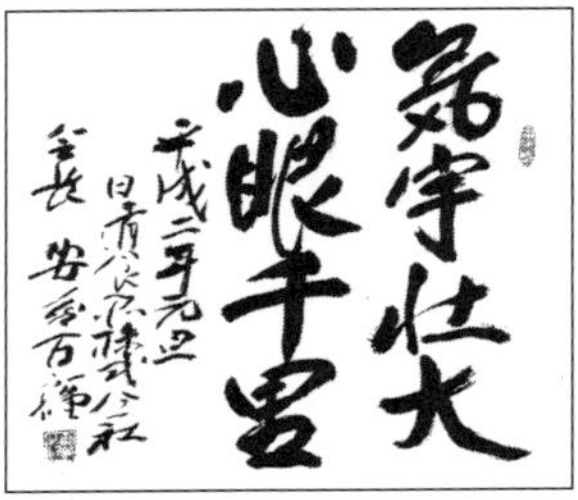

平成2年

「気《き》宇《う》壮《そう》大《だい》　心《しん》眼《がん》千《せん》里《り》」

構想は大きく持とう。宇宙が無限であるように、人間が想像する世界もまた無限である。縮こまらず、のびやかで大きな絵を描いて欲しい。広く、深く掘り下げた、壮大な脚本がなければ、小さな結果しか得られないだろう。

注意して欲しいのは、壮大な気宇が、まま粗雑に流されることである。充分に意図をそしゃくし、理解したうえ、計画に取り組むべきである。全体を視野に入れ、隅々にまで行き渡った配慮、気配りも欠かせない。実際の目は、もちろん千里先を見越すことはできないけれど、心の目でみるのである。めまぐるしく変わる世の中、その瞬間、その場その場に対応できる機敏さも備えていなければならない。細部を検討し詰めたうえで、帳じりを合わせる努力をしよう。

そしてまた、〝わかる〟ことと〝できる〟こととは違うのである。いくらゴルフの理論がわかり、解説書に精通しても、グリーンに出るとさっぱり、ということは、ゴルフ好きの人なら一度は経験したことがあるだろう。練習を重ね、苦労して身体で覚えないと実戦では役立たない。気宇壮大な構想を実行するのは、修練を積んだ胆力である。時には年輪、経験が必要な場合がある。小さな力士が、けいこ練磨のすえ、よく大兵を倒すのである。

今年、平成二年は午年《うま》。駑馬《どば》も千里という。ましてや諸君、日清マンは、いずれも選ばれた俊才であるはずである。気宇壮大な日清食品の未来を千里の先に心眼を凝らし、必ずや創造していただけるものと期待している。

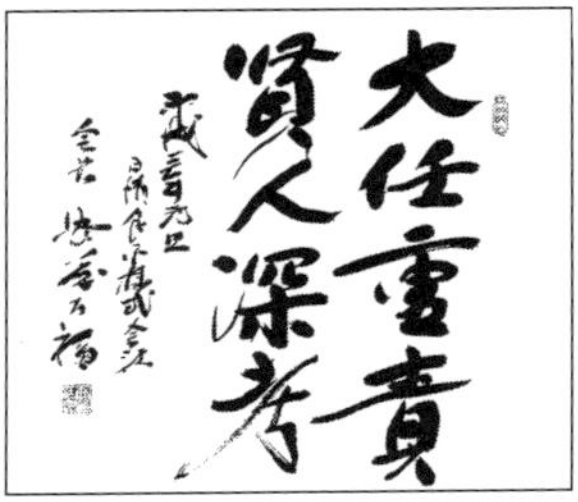

平成3年

「大任重責《たいにんじゅうせき》　賢人深考《けんじんしんこう》」

地位とともに、責任は重くなり、むずかしくなるのは当然のことである。その発言は、周囲に大きな波紋を広げ、重大な結果につながる。重責にある者は、相手がどのように感じるかをわきまえて、地に足がついた発言をし、行動をとるべきである。とくに〝会社の顔〟といえるような立場にいる者は、誰からみても頼もしく思われるような人物であって欲しい。また責任は口先で果たすのではなく、行動で示すものである、と知るべきである。

一方では業務が増え、帰宅しても、休日でも仕事について考えていないと追いつかなくなる場合もある。また会社で業務に集中するには、家庭にうしろ髪をひかれているようでは、まともな成果はあげられない。だから家庭の協力なしに任務を遂行することはできない。かつて私はこう言ったことがある。

「管理職の辞令を受けたら、大任を受けられるかどうか、家へ帰って奥さんと相談していらっしゃい」

日清食品に入社するには、何十倍かの難関を突破して選び抜かれたのだから、諸君はいずれも賢人であると思う。近代的な教育を受け、陶冶性のある人材である。その賢人が深く、広く考えれば、必ずやすばらしい社員になる。

　賢人である諸君が深考のすえ仕事をすれば、会社も「この社員なら、このぐらいの責任を与えても間違いない」と信頼するから、名分にくよくよしなくても、おのずと地位は上がって行くのである。

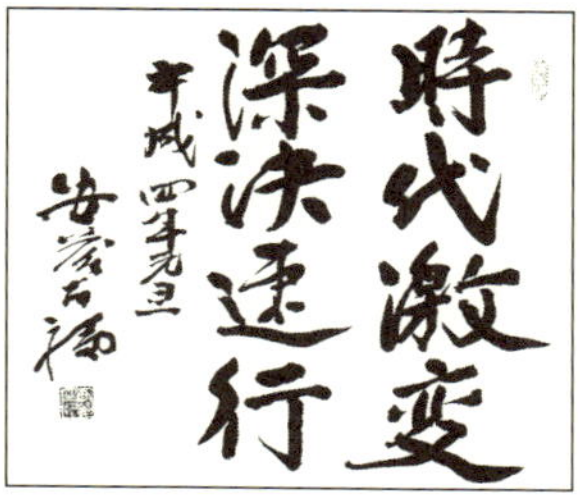

平成4年

「時代激変《じだいげきへん》　深決速行《しんけつそっこう》」

　読んで字の通り、意味するところは明らかであろう。しかし、字の奥にひそんでいる内容は各人の経験、知識によって、大きく違ってくる。突き詰めれば詰めるほど、深い理解、解釈が得られるのだ。

　私が実業にたずさわってから六十年を超えるが、政治、経済、社会のどの面からみても敗戦この方、こんな激しい変化はなかったように思う。ソ連・東欧における共産主義体制の崩壊、湾岸戦争、アメリカ社会・経済の疲弊、そして日本経済のバブル終焉——つい一、二年ほど前まで、どの政治学者も、エコノミストも予想し得なかった激変である。そのキザシはすでにみえていたのだが、過去の惰性のまま、先を読み切れなかったのである。

こういう時代であるから浮き沈みはつきもので、いたるところに危険が待ち構えている。好況に酔いしれ、みんなで渡ればこわくないとばかりに、大合唱に勇気づけられて前進して行くと、思わぬ障害にぶちあたる。何事によらず、この大地さえ最後には必ず終局を迎えるということを忘れていたのではないか。一方、変化が激しいゆえの穴場があり、チャンスもある。

進むにせよ、退くにしろ、深く審察し、結論が出れば即実行する。それでは「深決」とは何かといえば、知恵を出し、工夫をし、独創性を発揮し、総合的に考察して、ことを決することである。

一人ひとり、自分の仕事を見直してみよう。追い風に乗れば順調に進む仕事も、いったん逆風になれば、やることなすこと思うにまかせない。環境の激変、経営資源の限界と枠を鋭敏に受け止め、深決速行すべきことがたくさんあることがわかるだろう。

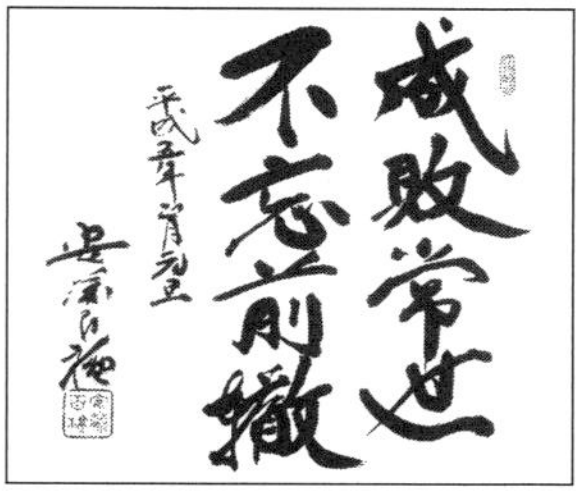

平成5年

「成《せい》敗《はい》常《じょう》世《よ》　不《ふ》忘《ぼう》前《ぜん》轍《てつ》」

『成功・失敗は世の常である。以前通った轍を忘れないようにしよう』

成功とは、いろいろと幅広い解釈ができるし千差万別である。

企業社会においては、主として仕事を成し遂げた功績を人が評価するのである。

一度成功するとリズムに乗って、成功がいつまでも続けられると過信し、後ろを振り返る余裕がなくなる。矢が弓から放れたようなもので、気がついたときはもう遅い。航空機の高い安全性は、飛ぶ度の細心の注意と点検によって保たれているが、それでも万全とはいえない。成功を手にするには、加えて高い判断力と敏捷な対応能力が強く求められる時代なのである。

成功はまた限りない努力の目標であり期待である。

失敗は物事によるが、浅はかな判断によって生ずる事が多い。失敗が大きければショックも大きく、再起不能にまで落ち込む場合もあろう。しかし、成功がそうであるように、失敗するには原因があり、みじめな結果に至るのである。失敗の原因が判明し、結果について納得できたなら、それを教訓として、新しく挑戦する気概を持って欲しい。失敗をバネとし、またエネルギーとすれば、敗者復活につなぎ得る。

過去を振り返れば、みなそれぞれに多くの轍を残してきている。成功、失敗いずれの轍も忘れることなく、前進、飛躍の糧としよう。

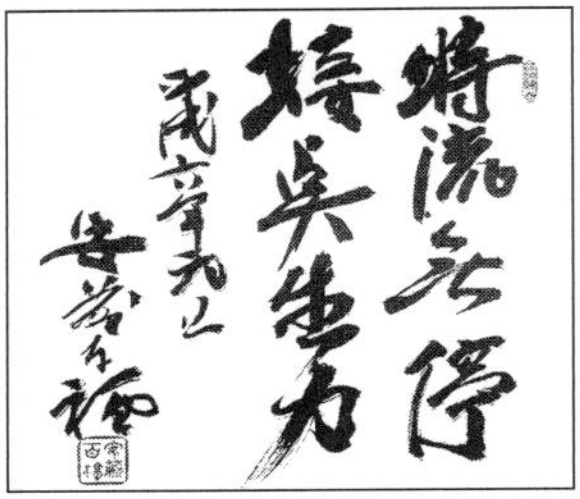

平成6年

「時流無停《じりゅうむてい》　接点生力《せってんしょうりき》」

時の流れは、さかのぼることも、停めることもできない。時計は、時の流れに警鐘を鳴らす計測器にすぎず、何も教えてはくれない。自らのもつ時間的生命体を、より充実したものとして過ごすことができるかどうかは、本人の心がけ次第なのである。

人間、生きるには、食事のためにかなりの時間が費やされている。その時間を短縮し、内容をより豊かにするのが即席めん開発の発想であった。その誕生は、食生活が今日のような広がりをみせる一石となったのである。時は生命そのものであり、私たちはもっと時間を大切にしなければならない。

人は、それぞれの生まれ育った環境によって考え方、価値観が異なっている。しかしながら一つの会社、組織に参加したからには、その企業目標を充分に理解し、各自の立場をよくふまえて、つねに新しい視点で取り組む必要がある。そして、目標に対する認識を深めれば、自己の価値観を超えて積極的に尽くすことができる。つまり接点が強固に結ばれることによって、大きな力が生み出され、より繁栄の道につながっていくに違いない。

平成7年

「浅考空転《せんこうくうてん》　深慮好転《しんりょこうてん》」

物事は、まず誰かが問題を提起し、アクションを起こさなければ始まらない。

その場合、人の噂や思いつきで衝動的に飛びつくと、歯車がかみ合わず空回りする。結果として、実りがなく、かけがえのない生命時間、つまり寿命をすりへらすことになる。実行段階でも、初歩的なミス、うっかりした間違いが、ある部署で起こると、全体に迷惑がかかる。「この程度なら、いいのでは……」と軽はずみに見過ごしていることはないか。考えが浅いと、失うばかりで得るところがない。

一つのことを決めて動き出す前に、時代の流れ、環境を見極め、あらゆる可能性を常に考え、タイミングをはかって、一歩一歩踏み固めて前進しよう。中途半端な気持ちではいい結果につながらない。深く考えて実行に移したら、もう後戻りできないと決意すべきである。

「まかせておいて危なげない」と他人から評価され、信頼されるようでありたい。いまは全員が深く思慮し、総決起しなければならない時代の節目にいる。

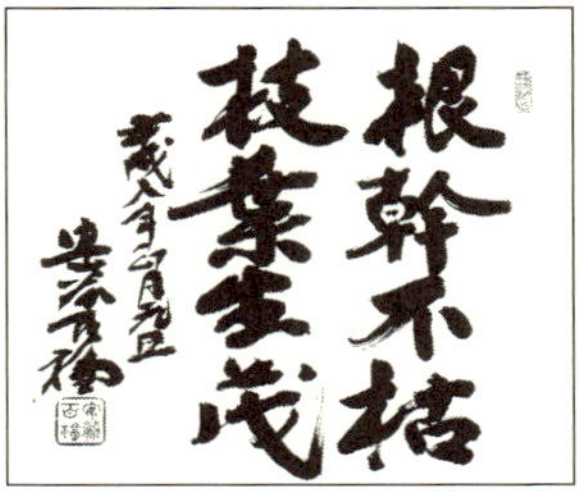

平成8年

「根《こん》幹《かん》不《ふ》枯《こ》　枝《し》葉《よう》生《せい》茂《も》」

ブナの大樹は四方八方に深く根をはり、大地をしっかりと抱えて、天に向かいすっくと太い幹を伸ばしている。その姿は見るからに頼もしく、私たちに人生に対する多くの教訓を与えてくれる。春には新芽がふき、夏には青年のようにたくましく葉を茂らせ、秋には華麗な紅葉の色を見せる。冬になると厳寒に耐えるべく葉を落とすが、その間も栄養分を蓄えて次の春に備え、幾千年も風雪に耐えている。

ブナの木は、いきなり大樹として存在したのではない。一粒の種が芽をふき、何世代も自然の恵みを受けつつ、枝葉根幹がそれぞれの役目を果たして、堂々とそびえたつまでになったのである。これからも、根の先から枝葉に至るまで、バランスよく必要な栄養分が補われれば、根幹は健全に太り、枝葉はさらに繁茂する。こうして嵐に少々の枝葉が折れても、びくともすることなく樹齢を重ねて、長く歴史を刻むことができる。

時には健康を維持するため枝を払い、役目を終えた葉を落とす必要もあろう。しかし、それらも決して無駄にはならない。根幹を離れた枝葉は、肥料となり、再生して次の繁栄に寄与する。これは自然生態系、森羅万象の法則であり、誰もこれに逆らうことはできない。

企業の存在もまた同様である。樹木であれ、企業であれ、巨大になるほど維持管理に万全を期さなければ、それ以上の繁栄発展はなしがたい。特に根幹にあるものの責務は大きい。土台、基礎がしっかりと地に足をつけている企業は、危機に際しても揺るぐことはない。大樹に寄るものは、根幹が枯れず、枝葉がいやさかに生茂するよう努めるべきである。

平成9年

「麺食文化《めんしょくぶんか》 食創為世《しょくそういせい》」

人類生存の根源はもとより食にある。それは文字にも現れていて、「人、良きこと」を即ち「食」とした。すべての人類が食べていけるようにとの願いである。

現在でも飢餓線上の人口は世界で八億四千万人といわれ、二十一世紀を展望すればさらに深刻さを増す。「人、良く生きる」＝食糧問題を解決するため今、あらゆる叡知を結集して、それまでに存在しない食品、食文化を創造することが不可欠である。それが新しい産業を生む起爆力ともなる。

「麺食文化」の発展は、「食創為世」を具体化するものだった。コムギ粉を線状に加工する技術は、古く中国に発祥した食の一大革命であったが、製法が難しく、調理に時間がかかるため、家庭料理としては日常化せず、世界にあまねく普及することがなかった。こうした状況を一挙に打破したのが、チキンラーメンの開発と、その後に続くカップヌードルの発売だった。麺作りに、多くの人々が参入し、切磋琢磨しあい、加工食品業界の中でも、最先端の新しい産業分野を創造した。即席麺は今や、コメ、パンと並ぶ主食となり、さらに国際食として「麺食文化」を地球的規模に普及している。

「食創」の成果が人類を救い、より豊かな文化を培う。創造、独創の精神を鼓舞し、次なる研究・開発の意欲をさらに高揚していきたい。

平成10年

「四十不惑《しじゅうふわく》　集智成大《しゅうちせいだい》」

「四十不惑」(四十にして惑わず)は、孔子の教えである。二千五百年前の『論語』の言葉であるが、経済的混乱のうちに年を明けた一九九八年の企業社会の理念としても、採るべき行動の指針を示している。麺の道を志して四十年、日清食品の根幹は確固として定まっている。麺一筋に迷わず前進するのみである。

「三十にして立ち、四十にして惑わず」……企業人もまた、かくあらねばならない。三十、四十の歳を経たら、自ら何をなすべきか自覚しているはずである。世界を見れば、アメリカでもロシアでも、諸君と年齢が変わらない指導者が、国の舵取りをしているではないか。

「四十不惑」の年齢は企業の中核にして、なお力あふれる青春の中にある。若い創造力を発揮し、企業発展のエネルギーに代えてほしい。

そして、これに百戦練磨した先人の経験を一つにして〝智〟を結集すれば、いかなる困難、障壁も恐れるに足りない。智とは深い考えと物事を予測する力である。成功への道は常に遠いが、智を集め、深めることによってのみ、その成果は極めて大きいものとなろう。

平成11年

「陽春来光《ようしゅんらいこう》　心平気高《しんぺいきこう》」

昨年は世界中が異常気象に苦しみ、地震、洪水といった天災も多かった。たしかに、あとに災禍を残したが、それは避けられない自然の巡り合わせであった。雨降って地固まるのたとえもある。

アジアから始まった経済の破綻は、ロシア、中南米に及び、ヨーロッパ、アメリカも無傷ではすまなかった。もちろん日本でも、銀行、証券会社の倒産に端を発した金融危機が経済全体を萎縮させた。世界一の給与と貯蓄がありながら、失業、老後の不安から消費は極端にまで冷え込んでいる。これもまた、バブルに甘えたとがめであろうが、悶々と思い煩うよりも、来るべきものが来た、と腹を据えなくてはならない。

無策の策とはいえ、政府も、切羽詰まって種々の景気対策を打ち出した。企業は過去の反省から、グローバル・スタンダードに立った体質への再構築に取り組み始めている。今が、一日のうちで最も暗い夜明け前なのだろう。永遠に暗い夜が続くはずはなく、明けない夜はないのである。

今年はうららかな春の日差しが期待できるのではないか。とはいえ、それはバブルに踊ったころの華々しさではなく、水がぬるみ、暖かな風が吹き、つぼみが次第次第に膨らむ季節の移ろいのような過程をたどるであろう。

ことはすべて「心」と「気」から始まる。喜怒哀楽を発するのは心であり、好き嫌い、愛情、妬み…人のあらゆる営みは心の動きが表れたものである。心が病めば病気になり、歪んだり、偏ったりすれば、よい結果は得られない。

「平」の文字には「たいらか、かたよらない、おだやか、あたりまえ」といった意味がある。心は常にバランスのとれた「平」の状態でありたい。

「気」は天地の間を満たす生命の原動力である。気を高く掲げるほど、ものがよく見え、ものごとへの理解が深まる。宇宙に出れば、地球が丸く、ちっぽけな存在であることが実感できる。気高であればこそ、人を羨まず、大所高所の判断が可能となり、無謀な賭に走ることもなくなるのである。

「陽春来光」に浮かれることなく、「心平気高」の構えをもち、ささやかであっても創造開発に根ざした事業で時代の活路を切り開いて行こう。

平成12年

「祝《しゅく》二《に》千年《せんねん》　均整《きんせい》万年《まんねん》」

二千年という大きな節目を迎え、皆様とともに新しい門出を祝いたい。人類の歴史は悠久だが、インスタントラーメンは発明からわずか四十二年目である。しかしそのわずかの間に、一粒の種が芽を吹き、枝葉を広げて新しい産業に育った。振り返ると、多くの人々と深い縁でつながっている。時に支えられ、時に力を合わせて今日を築いてきた。日清食品は二十世紀の歴史に発明という足跡を残したが、新世紀に入っても、多くの人々と手をたずさえ、人の心に触れる、公益性の高い企業でありたい。

均整が取れている姿とは、美しく安定した状態を意味している。均は均衡、水平、整は調整、点検のことである。人でも企業でも、いつまでも健康体でありたいと願うならば、均整の構えを忘れてはならない。経営には時代を超えた超然とした思想が必要である。事業の盛衰は経営者の資質に左右される。ますます複雑化する時代には、経営者は厳しいだけでなく、人に対する深い思いやりがなければならない。この均整がとれてこそ健全な企業体質が維持され、万年に栄え続けることが可能になるであろう。

平成13年

「宇宙世紀《うちゅうせいき》　優劣共生《ゆうれつきょうせい》」

二十一世紀になった。

人類は初めて国境や民族の壁を超え、力を合わせて宇宙ステーションの建設を始めている。宇宙世紀にふさわしい新しい秩序と価値観の夜明けである。

二十世紀を振り返ると、「侵略と対立」という不幸な時代が長く続いた。後半は一転して「和解と発展」の時代となった。私たちは物質文明に慣れ、ひたすら経済競争に明け暮れた。新世紀に入ったからといって人の心は急に変わるものではない。競争社会はもっと激しくなり、人間関係においても優劣の差が開くだろう。

しかし忘れてはいけないことがある。優劣とは第三者が評価するものであって、自ら決めるものではない。優者は、おごり高ぶりを捨て、言葉だけではなく身をもって範を示さなければならない。そうでなければ、決して人の心を動かすことはできないだろう。劣者は、自分自身に何ができるのかを問わなければならない。甘えを捨てて自助努力を発揮すれば、その潜在能力が目覚めることもあろう。人生に遅すぎるということはなく、大器晩成した人は数多いのである。

人間は優劣を競わなければ進歩がない。また、お互いを思いやり、高め合うことが大事である。

今世紀こそ、平和な共生の時代となることを祈ってやまない。

平成14年

「地球自転《ちきゅうじてん》　陽陰生息《よういんせいそく》」

地球という青く丸い星に乗り合わせた私たちは、同じ太陽の恩恵を受けて生きている運命共同体である。

地球は自転を続けて、世界を陽のあたる所と、陰になる所に分ける。

昼と夜はすべての人に公平に訪れ、季節もまた、同じようにめぐり来たる。冬の間、枯れたように見える裸の木々にも、春になると、必ず新しい命が芽吹く。

今は、陰の時代だが、これが永遠に続くわけではない。

すぐそこに、暖かい日差しが垣間見えている。

昨年十二月、皇室に待ちに待った内親王が誕生された。

孟子の「仁ある者は人を愛し、礼ある者は人を敬す」から、敬宮愛《としのみやあい》子《こ》様と名づけられた。このおめでたい出来事が、私には時代が変わる予兆のように思える。

すべての人々が、東洋と西洋、富める国と貧しい国、あらゆる国境、文化、宗教のへだたりを超えて共存できる時代が生まれることを期待してやまない。

平成15年

「天星地花《てんせいちか》　仁愛健寿《じんあいけんじゅ》」

たとえ深い闇夜でも、天を仰げばきらめく星空に出合うことがある。希望を失いそうになった人は、満天の星にそれぞれの夢を思い描く。

また地上には、いろいろな花が競い合うように咲き乱れている。道に迷った人は、そこでひと時の心の安らぎを手に入れる。

仁愛とは寛容で思いやりに溢れた心のことである。

自然が天に星をちりばめ、地に花を咲かせたように、もしもすべての人の心に仁愛が育まれれば、少しはおだやかで安心して暮らせる世の中になるのではないだろうか。お互いをいつくしみ、愛を多くの人に及ぼすことによって初めて、私たちは共生していけるのであろう。

健寿とは、いつまでも健康で、働く意欲を失わず、自立の精神を持ち続けることである。歳をとっても世の中の温情に甘えないで、長命ではなく長寿を全うすることができれば、それ以上の幸せはあるまい。そういう生き方が私にとっては理想である。

厳しい冬の時代が未だ明けやらぬ二〇〇三年の年頭にあたり、皆様の健康と長寿をお祈りすると共に、私自身も少しでも仁愛の心に近づけるよう精進したいと思う。

平成16年

「新《しん》年《ねん》和《わ》平《へい》　奮《ふん》気《き》隆《りゅう》昌《しょう》」

年が改まり、どなたも晴れやかな気持ちで新年を迎えられたことと存じます。過ぎたことを悔やまず、今年こそはと新たな夢を描いておられる方も多いことでしょう。しかし、夢や理想を実現するためには世の中が平和でなければならないのです。残念ながらいまなお、地球上の至る所で争いごとが絶えません。

和平とは「和らぎ、穏やかな」心の状態を意味しています。今年こそ、世界中の人々がそのような心境で生活できることを、心より祈らずにはおれません。

人間は気で生きているのです。病気も元気もすべて気からきています。どことなく気持ちの落ち着かぬ不安な日々が続きますが、このような時にこそ、気を強く持ち、気を高く掲げて奮起すれば、おのずとよい結果が得られるでしょう。厳しい現実の中でも憂鬱とせず、うなだれず、情熱を燃やせば、かならず成功が得られるものと私は信じています。

厳しい冬の雲間から、暖かい日差しが垣間見える二〇〇四年の年頭にあたり、私自身も老骨に気を入れて、命ある限り世の中のお役に立ちたいと心がけています。

皆様のご健康とご隆昌を心よりお祈りします。

平成17年

「克己《こっき》耐忍《たいにん》　知足心和《ちそくしんわ》」

人間とは欲深い生き物である。

あれもほしいこれもほしいと欲を言い出せば際限がない。また人は、自分の力量以上に自らを高く評価してしまうものである。少しおだてられたり、誉められたりすると調子に乗る。己の力量を忘れてしまって、知らぬ間に自信が過信となる。背伸びをして、できもしないことを引き受けると結果的に自分を苦しめることになる。

人間には克己心が必要である。克己とは、自分の欲望を抑え、自制の心を持って耐え忍ぶことである。それができれば、人間が深くなる。物事を冷静に判断でき、自分の力量にふさわしい仕事に取り組むことができる。そのように謙虚な生き方をしておれば、必ず明るい未来が訪れるであろう。

また、強い克己心を持つためには、足るを知ることが大事である。足るを知っておれば、不平、不満は消え、感謝の気持ちが湧いてくる。自然に心が和らぎ、顔つきも穏やかになる。すると、誰からも愛され、尊敬される人間になる。周りに暖かい雰囲気をかもし出し、きっと人々に幸せを呼ぶような人間になれることだろう。

平成18年

「心身活性《しんしんかっせい》　食育腹八《しょくいくはらはち》」

新しい年を迎えて、身も心も健康に、生き生きと年を重ねることができる幸せをかみしめたい。できれば世の中が全部、元気で明るくなってくれたらうれしいが、必ずしも世情穏やかではない。今年こそは、心やすらかに、活力に溢れた日々が過ごせるように願ってやまない。

今年はまた、国をあげて食育を進める年となる。

食の大切さを知り、正しい食生活の知恵を学んだ子供たちは、必ず自然に感謝し、やさしい心を持つようになる。食は命の糧である。食育とは、知育、徳育、体育よりも先に学ぶべき、最も基礎的な人間教育だと信じる。

昔から「腹八分に医者いらず」という。おいしいからといって食べ過ぎると体をこわす。科学的知識も大事だが、生活の知恵に溢れたこのような先人の教訓を忘れないようにしたい。

子供たちの心身の健康を支えるために、新しい食品を創造していくことが、私たち食に携わるものの使命である。年頭にあたり、食の仕事が

「聖職」であることをしっかりと心に刻み、皆さまと共に精進したい。

平成19年

「企業在人《きぎょうざいじん》　成業在天《せいぎょうざいてん》」

企業は人にある、とよく言われるが、人とは単なる人ではない。世の中にない独創的なことを考え、計画し、それを達成できる人。すなわち「人の中の人」である。経営者も同じである。世の中はどんな人がやっているのか、どんな実績があるのかと聞く。人に対する評価が、そのまま企業の評価につながる。人の仕事にこれで十分ということはない。下を見て安心してはいけない。必ず上には上があるものである。

業を企てるのは人であるが、一方で、業を成すは天にある。目標に向かって仕事に打ち込み、九分九厘まで来たとしよう。そこで行き詰まり、成功まであと一歩というところで転ぶこともある。事が成らないとき、人はいろいろと思い悩むが、それは「神様がだめといっているのだ」と考えればよい。

運を天にまかすという意味ではない。成業とは、大衆の声が空気の波動となって広がってゆき、天に通じたとき、はじめて大きな評価として返ってくるものである。大衆の声こそ神の声であり、天を動かすことができる。

「企業家・安藤百福」略年譜

西暦	和暦	齢	関係事項	社会状況
一九一〇	明治四三	0	3月5日、当時日本の植民地だった台湾の台南県東石郡朴子街で生まれる	8・22韓国併合条約調印
一九二四	大正一三	14	この年、高等小学校を卒業し、祖父の経営する織物業を手伝う。そろばんが好きで数字に異常な興味を持つ	この年、米国で排日移民法成立
一九三〇	昭和　五	20	この頃、県の郡守（知事）に勧められ、朴子街に初めてできた図書館の司書になる。本に囲まれた静かな生活が性に合わず二年でやめ、家業に戻る	この年、世界恐慌が日本に波及（昭和恐慌）
一九三二	七	22	この年、台北市永楽町に資本金一九万円で「東洋莫大小（メリヤス）」を創業し独立。編み物のメリヤス製品を日本から輸入して台湾で売る貿易商売を始める	5・15五・一五事件
一九三三	八	23	この年、大阪市の唐物町二丁目に「日東商会」を設立、貿易業務を本格化する。日本一のメリヤス業者「丸松」などと組み、若くして財を築く	3・27国際連盟の脱退を通告
一九三四	九	24	3月、社長業の傍ら夜間に学び、立命館大学専門学部経済科修了	7・8岡田啓介内閣発足
一九四一	一六	31	12月8日、台湾出張中に「宣戦の詔書」が発布され太	12・8太平洋戦争始まる

			平洋戦争始まる。メリヤス貿易は継続できなくなり断念	
一九四五	二〇	35	3月21日、仁子と結婚。京都・平安神宮で挙式。戦後、大阪梅田の闇市でラーメン屋台に並ぶ行列を見る。これがチキンラーメン開発の原風景となる	8・15昭和天皇の玉音放送
一九四六	二一	36	4月、泉大津の旧造兵廠跡地の払い下げを受け、製塩事業を始める	11・3日本国憲法公布
一九四七	二二	37	4月、名古屋に中華交通技術専門学院設立	5・3日本国憲法施行
一九四八	二三	38	9月、大阪府泉大津市に国民栄養科学研究所設立。泉大津市汐見町に中交総社設立（一九四九年9月にサンシー殖産に商号変更） 12月、脱税容疑でGHQに逮捕され、巣鴨プリズンに収監（一九五〇年12月に無罪釈放）	11・12極東国際軍事裁判判決
一九五一	二六	41	11月、信用組合理事長に就任	9・8サンフランシスコ条約
一九五七	三二	47	この年、信用組合倒産、理事長として責任を問われ、財産没収。大阪府池田市にあった自宅裏庭に研究小屋を建てて、チキンラーメンの開発に着手	この年、なべ底不況始まる
一九五八	三三	48	3月、めんの瞬間油熱乾燥法を開発し、世界初のインスタントラーメン「チキンラーメン」完成 8月25日、チキンラーメン発売、一食三五円 12月、商号をサンシー殖産から日清食品に変更。本社を大阪市東区（現中央区）に置く	4・5長嶋茂雄4三振デビュー

一九五九	三四	49	6月、初めての新聞広告出稿（朝日新聞・半1段） 12月、三菱商事、伊藤忠商事、東京食品（のちの東食、現カーギルジャパン）と特約代理店契約を結ぶ	この年、岩戸景気始まる
一九六〇	三五	50	3月、テレビ番組『イガグリくん』を提供。チキンラーメンのCMを放映	9・5池田首相、所得倍増政策を発表
一九六二	三七	52	6月、「味付乾麺の製法」と「即席ラーメンの製造法」が特許登録	10・5ビートルズレコードデビュー
一九六三	三八	53	10月、東京・大阪両証券取引所第二部に株式上場	11・22ケネディ大統領暗殺事件
一九六四	三九	54	元旦、初めての年頭定是「和協」 9月、「日本ラーメン工業協会」（現一般社団法人日本即席食品工業協会）設立、初代理事長に就任	10・10東京オリンピック
一九六九	四四	59	この年、カップヌードル開発に着手。プロジェクトチーム本格始動	1・18～19東大安田講堂事件
一九七一	四六	61	9月18日、カップヌードル発売。一食一〇〇円 11月、東京銀座の歩行者天国でカップヌードルを試食販売。一日二万食を完売	8・15ニクソンショック
一九七二	四七	62	2月、連合赤軍の浅間山荘事件起こる。警視庁機動隊員が雪の山中でカップヌードルを食べている映像が全国へテレビ中継され、爆発的に売れ始める 8月、東京・大阪・名古屋各証券取引所第一部に上場	6・11田中角栄「日本列島改造論」発表
一九七五	五〇	65	11月、発売時は好評だったカップライスだが、売上げが止まる。カップライスからの撤退を決断	11・15第一回先進国首脳会議開催

一九七七	五二	67	4月、大阪市淀川区西中島に大阪本社ビル竣工 5月、藍綬褒章を受章	9・5王貞治が第一回目の国民栄誉賞受賞者に
一九七八	五三	68	9月、「容器付スナックめんの製造法」特許登録	5・20成田空港が開港
一九八〇	五五	70	11月、紺綬褒章を受章	この年、日本の車生産台数世界一
一九八一	五六	71	6月、代表取締役会長に就任。安藤宏寿副社長が社長に昇格	1・20米大統領にレーガン就任
一九八二	五七	72	11月、勲二等瑞宝章を受章	11・27中曽根康弘内閣発足
一九八三	五八	73	3月、私財を投じて財団法人日清スポーツ振興財団（現公益財団法人安藤スポーツ・食文化振興財団）を設立、理事長に 4月、紺綬褒章を受章 8月、安藤宏寿社長が辞任、会長・社長を兼任	4・15東京ディズニーランド開園
一九八四	五九	74	2月、日本全国の郷土料理を調べるフィールドワークを開始	1・9日経平均株価が初めて一万円台
一九八五	六〇	75	6月、安藤宏基副社長が社長に昇格。代表取締役会長専任に	9・22G5がプラザ合意
一九八七	六二	77	1月、めん食の起源と伝播を調べるため、「麺ロード調査団」を組織。延べ三六日間にわたり中国大陸を取材	10・19ニューヨーク株価大暴落
一九八八	六三	78	3月、東京都新宿区新宿六丁目に「FOODEUM（フーディアム）」の愛称をつけた東京本社ビル竣工	6〜リクルート事件
一九九二	平成 四	82	4月、科学技術庁長官賞「科学技術功労者賞」を受賞	6・15国際平和協力法成立

一九九五	七	85	1月、阪神・淡路大震災の被災地に給湯機能つきのキッチンカー「チキンラーメン号」を派遣し救援活動を展開	1・17阪神・淡路大震災
一九九六	八	86	6月、食創会を設立、表彰制度「安藤百福賞」制定 10月、立命館大学より名誉経営学博士号を授与	9・29民主党（代表菅直人・鳩山由紀夫）結成
一九九七	九	87	3月、第一回世界ラーメンサミット・東京大会を開催。世界ラーメン協会（IRMA、現WINA）が発足、初代会長に選出	11・24山一證券が自主廃業
二〇〇一	一三	91	8月、記者懇談会の席上で宇宙食の開発を宣言 9月、日本経済新聞に「私の履歴書」を連載	4・26小泉純一郎内閣発足
二〇〇二	一四	92	5月、勲二等旭日重光章を受章	1・1ユーロ紙幣流通開始
二〇〇五	一七	95	6月、取締役を退任、新設された「創業者会長」に就任	4・1個人情報保護法全面施行
二〇〇六	一八	96	11月、タイム誌「60年のアジアの英雄」ビジネスリーダーの部で英雄に選出	9・26第一次安倍晋三内閣発足
二〇〇七	一九		1月5日、急性心筋梗塞のため九六歳で永眠	9・26福田康夫内閣発足

※本年譜は『日清食品50年史 1958-2008』第一分冊「日清食品創業者・安藤百福伝」の「安藤百福の年譜」及び『転んでもただでは起きるな！――定本・安藤百福』（中公文庫）の「安藤百福の年譜」を基本として編集部が作成した。

※年齢については、その年の誕生日を迎えた時の満年齢を記した。

〈著者略歴〉
榊原清則（さかきばら・きよのり）
1949年北海道生まれ。73年電気通信大学経営工学科卒業。78年一橋大学大学院商学研究科博士課程修了、商学博士。その後、同大学で講師、助教授、教授を歴任。その間、マサチューセッツ工科大学客員研究員、ハーバード大学研究員、ミシガン大学客員准教授なども歴任。1992年から4年間、英国ロンドン大学大学院ビジネススクール準教授に転じた後に、日本へ戻り、慶應義塾大学総合政策学部教授、法政大学大学院ビジネススクール教授を経て、現在は中央大学大学院ビジネススクール教授。専門は経営学（組織論・戦略論）、技術経営論、イノベーション論、科学技術政策論。
著書に、『90年代・企業が求める人材の条件』（PHP研究所）、『日本企業の研究開発マネジメント』（千倉書房）、『企業ドメインの戦略論』（中公新書）、『経営学入門［上］［下］』（日経文庫）、『イノベーションの収益化』（有斐閣）、『イノベーションの相互浸透モデル（共著）』（白桃書房）など多数がある。

PHP経営叢書
日本の企業家 11
安藤百福
世界的な新産業を創造したイノベーター

2017年11月6日　第1版第1刷発行

著　者　榊原清則
発行者　清水卓智
発行所　株式会社PHP研究所
京都本部　〒601-8411　京都市南区西九条北ノ内町11
70周年記念出版プロジェクト推進室　☎075-681-4428（編集）
東京本部　〒135-8137　江東区豊洲5-6-52
普及部　☎03-3520-9630（販売）
PHP INTERFACE　http://www.php.co.jp/
組　版　朝日メディアインターナショナル株式会社
印刷所
製本所　図書印刷株式会社

ISBN978-4-569-83431-3

PHP経営叢書「日本の企業家」シリーズの刊行に際して

わが国では明治期に渋沢栄一のような優れた企業家が幾人も登場し、中世、近世に営々と築かれた日本の商売道は近代へと導かれることになりました。以後の道程において、昭和期に戦争という苦難に遭いますが、すぐさま復興に立ち上がる中で、多くの企業家が躍動し、人々を束ね、牽引し、豊かな生活の実現に大いに貢献しました。一九四六（昭和二一）年一一月に弊社を創設した松下幸之助もその一人でした。事業経営に精励する一方で、「人間は万物の王者である」という言の葉に象徴されるみずからの人間観を、弊社の様々な活動を通じて世に訴えかけ、繁栄・平和・幸福の実現を強く願いました。

こうした時代を創った多くの企業家たちの功績に、素直に尊敬の念を抱き、その歩みの中の真実と向き合うところから得られる叡智は、お互いの衆知を高め、個々の人生・経営により豊かな実りをもたらしてくれるにちがいない。そうした信念のもと、弊社では創設七〇周年記念事業としてPHP経営叢書を創刊し、まずは日本の近代、現代に活躍した理念重視型の日本人企業家を一人一巻でとり上げる図書シリーズを刊行することにいたしました。空翔ける天馬の姿に、松下幸之助はみずからの飛躍を重ね合わせましたが、その天馬二頭が相対立しつつも調和する姿をデザインしたロゴマークは、個を尊重しつつも真の調和が目指される姿をイメージしています。「歴史に学び　戦略を知り　人間を洞察する」――確かな史実と学術的研究の成果をもとに論述されたこのシリーズ各巻が、読者諸氏に末永く愛読されるようであればこれに勝る喜びはありません。

二〇一六年一一月

株式会社PHP研究所